LES CONCEPTS FONDAMENTAUX DE LA PSYCHOLOGIE SOCIALE

Sciences humaines Dunod
Extrait de notre catalogue

Verena AEBISCHER et Dominique OBERLÉ, **Le groupe en psychologie sociale**

Maurizio ANDOLFI *et al.*, **La forteresse familiale**

Alain BLANCHET *et al.*, **L'entretien dans les sciences sociales**

Alain BLANCHET *et al.*, **Les techniques d'enquête en sciences sociales**

Claude BONNET, Rodolphe GHIGLIONE, Jean-François RICHARD, **Traité de psychologie cognitive** (3 tomes)

Henri BOYER, **Éléments de sociolinguistique**

Patrick CHAMPAGNE *et al.*, **Initiation à la pratique sociologique**

Gilbert DURAND, **Les structures anthropologiques de l'imaginaire**

Jean-Claude FILLOUX, Jean MAISONNEUVE, **Anthologie des sciences de l'homme,** tome 1

G.N. FISCHER, **les Concepts fondamentaux de la psychologie sociale**

G.N. FISCHER, **Les domaines de la psychologie sociale** (2 tomes)

Rodolphe GHIGLIONE, Alain BLANCHET, **Analyse de contenu et contenus d'analyses**

André LÉVY, **Psychologie sociale** (2 tomes)

Alain LIEURY, **Manuel de psychologie générale**

Ralph LINTON, **Le fondement culturel de la personnalité**

Edward MATTHEI, Thomas ROEPER, **Introduction à la psycholinguistique**

Talcott PARSONS, **le Système des sociétés modernes**

Raymond QUIVY, Luc Van CAMPENHOUDT, **Manuel de recherche en sciences sociales**

Claude REVAULT d'ALLONNES, **La démarche clinique en sciences humaines**

Jean-Pierre ROSSI *et al.*, **La méthode expérimentale en psychologie**

Jean-Pierre ROSSI *et al.*, **La recherche en psychologie**

Henry ROUANET *et al.*, **Statistique en sciences humaines : Procédures naturelles**

Henry ROUANET *et al.*, **Statistique en sciences humaines : Analyse inductive des données**

Vica SHENTOUB *et al.*, **Manuel d'utilisation du T.A.T.**

Gustave-Nicolas FISCHER

LES CONCEPTS FONDAMENTAUX DE LA PSYCHOLOGIE SOCIALE

Dunod

PRESSES DE L'UNIVERSITÉ DE MONTRÉAL

La publication de cet ouvrage a été encouragée par une subvention accordée au titre de la coopération franco-québécoise

Document et maquette de couverture
Franco Novati

ISBN 2-04-016927-x

Pour les Presses de l'Université de Montréal :
ISBN 2-7606-0787-9

Avant-Propos

La psychologie sociale reste un savoir aux contours mouvants. Si elle s'est constituée à partir de disciplines aujourd'hui hors de ses frontières, son développement, issu de courants de pensée et de pratiques sociales, depuis une vingtaine d'années, a profondément renouvelé son cadre théorique initial et donné à sa démarche une plus grande spécificité. Son domaine peut, d'une manière sommaire, se caractériser comme l'étude des phénomènes sociaux définis par la nature toujours problématique des relations qui se jouent entre individu et société, même si les termes de ce rapport restent ambigus et enchevêtrés.

En France, la psychologie sociale s'est progressivement structurée comme une sphère autonome de savoir et d'enseignement; elle apparaît aujourd'hui comme une dimension essentielle de la formation universitaire en psychologie. Les ouvrages de référence existants, Stoetzel (1963), Maisonneuve (1973), Daval (1967), Castellan (1970), Moscovici (1984), se présentent comme des manuels de synthèse, mais se caractérisent chacun par une tonalité théorique différente où l'accent est mis sur une orientation particulière. Quant aux textes fondamentaux anglais et américains de psychologie sociale, présentés par Lévy (1965), il y a plus de vingt ans, ils apportaient alors un éclairage nouveau sur des courants de recherches, des thèmes et des méthodes qui s'affirmèrent ultérieurement comme des pôles majeurs de la psychologie sociale.

A la différence des ouvrages précédents, celui-ci n'est pas un traité; au lieu d'une présentation exhaustive des principaux domaines, processus ou méthodes, il propose une entrée dans la psychologie sociale, en partant des concepts essentiels qui constituent une sorte de langage fondamental pour définir l'approche psychosociale.

Il s'agit là d'un choix qui repose sur le souci de proposer, dans une perspective didactique, un répertoire de base permettant à ceux qui entreprennent une formation dans ce domaine de disposer d'un dénominateur commun et d'avoir une compréhension des mécanismes spécifiques traités par la psychologie sociale. L'étude des concepts fondamentaux répond, à nos yeux, à cette préoccupation, car elle donne des clés pour entrer dans cet univers théorique et pour aborder un certain nombre de phénomènes de la réalité sociale.

Cet ouvrage est donc essentiellement une introduction qui permettra de sensibiliser le lecteur à une façon d'appréhender le monde social et de saisir ainsi les caractéristiques des situations et des conduites déterminées par cette réalité sociale. Conçu comme un outil pédagogique, il est tout spécialement destiné aux étudiants du premier cycle de l'enseignement supérieur. Mais, de façon plus large, il s'adresse à tous ceux qui, éducateurs, travailleurs sociaux, psychologues praticiens, consultants, désirent mieux comprendre certains mécanismes essentiels de la vie sociale.

La structure générale de l'exposé comporte un chapitre introductif qui présente l'approche psychosociale à travers son développement et ses principales caractéristiques. Elle est conduite ensuite autour des principaux concepts qui constituent les axes fondamentaux de ce manuel : la relation, l'influence, la représentation, la communication et l'identité.

Enfin, la publication de cet ouvrage a été encouragée par une subvention accordée au titre de la Coopération franco-québécoise; elle souligne la volonté d'intégrer et d'articuler les perspectives théoriques de cette discipline issues d'univers culturels et sociaux différents.

Montréal, décembre 1986

Sommaire

1. La psychologie sociale : approche et théories

Ce chapitre introductif a pour but de délimiter le domaine de la psychologie sociale. Nous développerons trois aspects qui rendent compte de quelques dimensions essentielles : tout d'abord, nous donnerons quelques indications d'ordre historique pour saisir comment s'est constituée la psychologie sociale; ensuite, nous déterminerons l'approche psychosociale comme un champ d'investigations spécifiques; enfin, nous présenterons quelques orientations théoriques à l'intérieur de ce champ.

A. LA FORMATION DE LA PSYCHOLOGIE SOCIALE

La psychologie sociale est une discipline récente, qui n'existait pas en tant que telle il y a un siècle. C'est en 1908 qu'est publié le premier manuel anglais de psychologie sociale (McDougall), presque exclusivement centré sur l'étude des mécanismes de contrôle des instincts biologiques. Il mettait essentiellement l'accent sur le rôle de ce contrôle des instincts comme éléments explicatifs de la vie sociale.

En Europe, la pensée sociale — influencée par Marx, au XIXe siècle, et Durkheim, au début du XXe siècle — a jeté les bases de la psychologie sociale en mettant en évidence l'importance du collectif dans la compréhension des phénomènes psychologiques. Si nous observons un devenir différencié en Europe et aux Etats-Unis quant à la formation et à l'évolution de la psychologie sociale, nous savons qu'elle s'est constituée à partir de réflexions et de concepts issus d'autres disciplines existantes, comme la philosopie, la sociologie ou la psychologie.

Nous ne retiendrons ici que trois aspects qui sont de nature à situer différents niveaux de formation de la discipline : la psychologie sociale dans l'évolution des connaissances sur l'homme; les différentes approches de l'homme sur lesquelles elle s'est appuyée d'une façon plus ou moins importante; enfin, le passage d'une réflexion de psychologie collective à une réflexion psychosociale.

1. L'évolution des connaissances

La psychologie sociale, comme toutes les autres sciences humaines, s'inscrit d'une manière très large dans un effort pour organiser la connaissance de l'homme qui, durant des siècles, est restée essentiellement philosophique. Cette connaissance s'est largement développée en s'appuyant sur une distinction établie entre individu et société.

Le concept de nature humaine définissait l'individu et fournissait une explication en termes de stabilité, cette nature étant considérée comme un invariant par rapport aux fluctuations externes, à la société changeante. L'opposition corps/âme permettait de comprendre la relation dehors/dedans chez un même individu : le corps, c'est l'extériorité, l'âme, c'est l'intériorité. L'âme détermine une autre dimension de l'individu, la « psyché », à laquelle on rattache un type d'expérience qui concerne la pensée et les émotions.

L'avènement des « sciences humaines » s'est traduit par un nouveau rapport au savoir, qui a valorisé la subjectivité comme élément de connaissance : il n'y a pas de savoir désincarné; celui-ci est relatif à l'observateur, au sujet qui connaît. En même temps, la connaissance n'est plus porteuse de valeurs universelles et n'a plus de fonction encyclopédique : chaque savoir reflète une position spécifique; son orientation est caractérisée par une démarche localisée dans des secteurs déterminés. Autrement dit, le savoir se découpe de plus en plus en éléments spécialisés qui lui donnent un statut spécifique, en raison même de l'objet qu'il appréhende, et qui sera légitimé dans le dispositif général des savoirs dans une société.

L'émergence de la psychologie sociale a été marquée par cette transformation du statut du savoir dans la société et cela de plusieurs manières. Tout d'abord, elle reflète peut-être mieux que d'autres disciplines le statut hybride de « spécialités », qui se constituent à partir de concepts existant dans d'autres domaines; ces concepts sont repris et insérés dans des énoncés qui leur forgent une nouvelle légitimité à l'intérieur de corpus théoriques définis. Par ailleurs, la psychologie sociale est tributaire du découpage en disciplines des différents domaines appréhendés par les savoirs constitués. Elle doit donc se mouler dans des codes établis qui confèrent une reconnaissance sociale à son apport.

Enfin, la démarche de la psychologie sociale est liée à l'état d'une société et aux questions qui l'habitent. Dans ce sens, l'effort de la psychologie sociale, comme démarche scientifique, comporte toujours un aspect dialectique : à travers l'étude des phénomènes sociaux et des types de valeurs véhiculés dans une société, elle se définit comme une approche critique de son propre savoir, car celui-ci est produit par les phénomènes analysés et dépend, pour une part, du sens que la société lui accorde.

2. *Les diverses conceptions de l'homme*

De quel type d'homme traite la psychologie sociale ? Pour répondre à cette question, il importe de présenter diverses conceptions qui ont, d'une façon ou d'une autre, influencé la manière de comprendre l'être humain et qui ont joué dans la définition que la psychologie sociale lui a donnée ultérieurement. Nous nous limiterons à quelques étapes qui, depuis le début de l'époque moderne, ont marqué ces diverses conceptions : l'homme comme être rationnel; l'homme comme être biologique; l'homme comme être psychologique.

2.1. L'HOMME COMME ÊTRE RATIONNEL

Pour la pensée du XVIIe siècle, la connaissance de l'homme comporte encore des sources impures. C'est Descartes qui va la fonder sur l'évidence de la réflexion : l'homme est un être de raison, et le guide de la raison, c'est la conscience. La conception cartésienne opère donc le passage de la croyance sur l'homme à une certitude sur l'homme; cette certitude est donnée par la raison, alors que la croyance est une assurance fondée uniquement sur l'intuition. Avec cette conception, nous assistons à la refondation de l'être humain autour d'un élément central, la conscience comme guide de la conduite.

Cette connaissance philosophique de l'homme est elle-même accompagnée par des connaissances beaucoup plus concrètes dans les œuvres des moralistes (La Rochefoucauld, La Bruyère). Par opposition à la philosophie rationaliste, ils élaborent une psychologie empirique d'après laquelle il n'y a rien de naturel, ou plutôt d'inné, dans l'homme : tout est acquis par l'expérience. La notion de caractère devient alors un élément interprétatif de la conduite humaine et sociale, en même temps qu'elle « dénaturalise » le comportement humain en lui donnant une signification sociale. Avec les moralistes, apparaît une prise en compte de l'homme à travers une approche subjective, sous-tendue par un arrière-plan de valeurs sociales et morales.

2.2. L'HOMME COMME ÊTRE BIOLOGIQUE

Le XVIIIe siècle est caractérisé par un engouement extraordinaire pour les sciences naturelles. La situation de l'homme y est étudiée par rapport aux espèces animales et devient une partie de la zoologie. C'est l'époque où l'on commence à recevoir d'outre-mer un certain nombre de singes qu'on a la possibilité de disséquer : il s'agit alors de situer le comportement humain par rapport à celui de ces singes.

Au cours de ces démarches, qui ont donné lieu à de nombreux débats, est apparue une structure épistémologique essentielle : dans le savoir anatomique, il existe un abîme entre les connaissances qu'il livre et les aspects du comportement qui lui échappent. Le scalpel étudie le mort. Le savoir anatomique est, paradoxalement, le début d'une réflexion plus générale sur les limites ultimes de toute observation qui implique, à un moment donné, une fixation du vivant. Ce que l'on veut observer s'échappe du fait qu'on l'isole. Tous ces débats seront amplifiés et précisés par la question de l'homme sauvage : quels sont les critères qui font qu'un individu appartient à l'espèce humaine et non aux espèces animales ? Le XVIIIe siècle répond à cette question en retenant un critère fondamental : le langage humain. Pourtant bien des questions restent posées après ce débat qui n'a pu définir les réelles frontières du langage.

Il n'en reste pas moins que la démarche des anatomistes allait bouleverser les conceptions philosophiques traditionnelles : en apportant une description extérieure et interne de l'homme, ils ont élaboré une nomenclature d'éléments constitutifs qui allait permettre d'introduire une sorte de hiérarchisation relative de l'importance des parties anatomiques, en accordant une place privilégiée au crâne, lequel est envisagé comme le lieu de la connaissance. Parallèlement, on va considérer les différentes parties du corps non seulement sur le registre de leurs fonctions biologiques, mais comme un certain nombre de signes permettant de mettre en évidence et de pronostiquer le caractère d'un individu.

La connaissance de l'homme se fonde désormais sur l'apparence du corps et non plus sur la réflexion philosophique; par conséquent, la connaissance de l'être humain est une connaissance de nature physiologique à travers l'importance accordée à l'organisme, ses fonctions et ses structures.

2.3. L'HOMME COMME ÊTRE PSYCHOLOGIQUE

Vers la fin du XIXe et au début du XXe siècles, deux courants ont joué dans l'avènement de la psychologie comme science naturelle : la philosophie empiriste et le courant rationaliste.

En attirant l'attention sur le rôle primordial de la perception sensorielle et de l'apprentissage dans le développement de l'esprit, les empiristes ont proposé une conception des activités mentales dans laquelle la perception sensorielle est considérée comme un processus de réception de stimuli extérieurs qui mettent en évidence la fonction adaptatrice du comportement. Cette analyse des stimulations extérieures constitue la base des connaissances de l'homme sur le monde qui l'entoure; par conséquent, pour les empiristes, le comportement humain a une fonction purement réceptrice, dans la mesure où il n'a de valeur qu'en tant que réceptacle passif.

La création, en 1879, d'un laboratoire de psychologie expérimentale, à l'université de Leipzig par Wilhelm Wundt, engagera l'étude expérimentale des phénomènes mentaux comme la perception sensorielle. La contribution essentielle de cette nouvelle psychologie conçue comme psychophysiologie sera l'étude des processus physiques impliqués dans l'activité mentale ou psychologique. La perspective ouverte à partir de la psychophysiologie a été la mise en évidence de l'interaction des fonctions organiques et des réactions psychologiques. C'est toute la question de la structure psychique comme processus complexe qui va se faire jour. Cette structure va être progressivement prise en compte, notamment comme élément interactif entre des facteurs de type physiologique et de type psychique.

3. L'émergence de la psychologie sociale

3.1. COMTE

La caractérisation de l'individu comme être social apparaît de manière explicite avec Auguste Comte (1798-1857). Son but est l'étude de l'être social dans son ensemble; voilà pourquoi il essaie de fonder une connaissance de l'homme sur sa manière d'être en société. Pour lui, l'homme est aussi façonné par la société dans laquelle il se trouve. Désormais, il ne s'agit plus d'un homme isolé, mais d'un homme enraciné dans un groupe, plus ou moins organisé, qui sera l'objet de la nouvelle science.

Mais c'est véritablement avec Tarde (1903) et Le Bon (1895) que nous assistons à un réel développement de la psychologie sociale. C'est d'ailleurs à Tarde que l'on doit le terme même de la psychologie sociale. L'intérêt de la conception est de présenter des facteurs psychologiques pour analyser des phénomènes étudiés jusqu'alors par la sociologie.

3.2. TARDE

Le sens même du terme psychologie sociale est relativement étroit pour cet auteur qui ne s'intéresse pas à l'individu comme tel, mais simplement dans la mesure où, dans son comportement, apparaissent des déterminations sociales. Autrement dit, ce sont surtout le groupe, les institutions, qu'il analyse, mais en tant qu'ils sont composés par des individus. Dans ses recherches, Tarde apparaît comme un précurseur des études sur les mécanismes essentiels en psychologie sociale comme les opinions et les attitudes. Il étudie les aspects cognitifs et affectifs de la personnalité, en montrant qu'ils constituent les forces mêmes de la vie sociale. Il définit le concept d'imitation comme un processus fondamental de la réalité sociale, en montrant son caractère dynamique et sélectif, qui préfigure déjà l'importance du concept d'influence dans les études ultérieures.

3.3. LE BON

C'est Le Bon qui abordera une situation collective essentielle : la foule. Pour lui, « la foule psychologique est un être provisoire composé d'éléments hétérogènes pour un instant soudés, absolument comme les cellules d'un corps vivant forment, par leur réunion, un corps manifestant des caractères fort différents de ceux de chacune de ses cellules possédées. Cette foule dote donc les individus d'une sorte d'âme collective qui les fait sentir, penser et agir d'une façon tout à fait différente de celle dont sentirait et agirait chacun d'eux isolément ». L'étude de Le Bon est en réalité une étude psychologique des hommes en foule. Il observe que le comportement des hommes dans cette situation diffère essentiellement de leur psychologie individuelle. Le seul fait d'être dans une foule modifie l'individu : il devient automate, et son rassemblement avec d'autres conduit à la formation d'un être nouveau que Le Bon nomme « l'âme collective ».

Il dégage quelques caractéristiques psychologiques qui sont les suivantes. La foule obéit à la loi de l'unité mentale : les émotions et convictions s'expriment pour tendre vers une unanimité; elles ont pour conséquences le dogmatisme et l'intolérance. En outre, la foule place les individus sous le coup d'émotions soudaines, simples, intenses et changeantes. Enfin, elle adopte dans son expression ce que Le Bon désigne comme un raisonnement rudimentaire.
Le Bon explique ces comportements de foule par deux causes. La première, interne, est la contagion mentale : les émotions et les opinions se communiquent et, par là, se multiplient et se renforcent; à l'intérieur d'une situation collective, il se produit une propagation des sentiments. Ainsi, les phénomènes sociaux ne sont pas seulement déterminés par la contrainte, mais aussi par ces éléments émotionnels qui se transmettent entre les membres d'un groupe. La seconde cause est externe et concerne l'existence de meneurs. L'idée de meneur reste encore très tributaire d'une conception centrée sur le prestige personnel et le pouvoir de fascination, mais son mérite est de proposer une nouvelle manière de rendre compte des phénomènes collectifs.

3.4. DURKHEIM

Au début du siècle, Durkheim apportera un éclairage décisif sur la portée du social et son interprétation. Il montrera « qu'il ne peut y avoir de sociologie sans les sociétés, ni de société, s'il n'y a que des individus ». Dans son étude sur le suicide (1897), il fournit une analyse sociologique à une décision individuelle. Il n'a pas cherché à connaître les motifs des personnes qui avaient tenté de se suicider, ni à s'informer auprès des parents des suicidés. Il a simplement compilé des statistiques sur le nombre de suicides dans différents pays d'Europe, au cours du XIXe siècle, et les a analysées.

Il a découvert que les suicides avaient eu un dénominateur commun, à savoir le degré d'intégration de l'individu à la société. En d'autres termes, la tendance au suicide est inversement proportionnelle au degré d'intégration religieuse, familiale, politique : plus un individu est intégré à l'une ou à chacune de ces sphères et moins grande sera la probabilité qu'il se suicide. Durkheim a ainsi montré qu'un acte individuel aussi isolé que le suicide trouve une explication dans le rôle des influences sociales qui pèsent sur les individus. Celles-ci interviennent, selon lui, par la médiation des règles sociales qui introduisent une distance dans le rapport entre les individus, mais qui font de cette distance même, la réalité de tout rapport social.

Si Durkheim était lui-même encore influencé par la physique sociale de Comte, il a néanmoins mis en évidence que la société est irréductible aux individus qui la composent, tout comme les représentations collectives sont différentes des représentations et des émotions qui affectent les individus. Il érige le fonctionnement du social sur des lois propres.

La constitution de la psychologie sociale comme discipline sera tributaire de cette vision et se fera à partir d'un modèle dichotomique individu/société qui, du moins à ses débuts, l'enferme soit dans une grille psychologique, soit dans une grille sociologique pour penser le social. Ce n'est que progressivement que la délimitation de la psychologie sociale se réalisera autour d'un objet spécifique, qui articulera les deux pôles sur lesquels elle s'est construite.

B. L'APPROCHE PSYCHOSOCIALE

1. Délimitation du champ de la psychologie sociale

La formulation la plus simple et la plus schématique pour caractériser le champ de la psychologie sociale, c'est d'affirmer que *l'homme est par nature un être social.*

Une telle position montre que la psychologie sociale s'est développée à partir d'une conception propre de la place de l'homme dans la société. Elle considère cette place comme une situation spécifique, ou s'enchevêtrent deux aspects a priori irréductibles de la réalité : l'individuel et le collectif. Elle analyse et étudie comment ces deux pôles s'articulent, c'est-à-dire comment l'action d'un individu et les forces d'une société structurée interagissent. Ces deux dimensions sont étroitement mêlées et pour ainsi dire inextricables. Le regard de la psychologie sociale, c'est de les prendre en compte pour mesurer les phénomènes sociaux qui résultent de leur relation.

Il serait donc illusoire de vouloir assigner à la psychologie sociale le rôle de fixer arbitrairement la part du collectif et celle de l'individuel dans les phénomènes qu'elle appréhende, ou celui de vouloir chercher à départager ce qui relève plus de la rubrique de la psychologie que de celle de la sociologie. Sa tâche est de définir la nature psychosociale des phénomènes qui résultent de l'interaction des éléments en présence.

Pour préciser la nature psychosociale de l'individu, nous pouvons dire que *la psychologie sociale appréhende l'homme comme un être relationnel.* C'est l'un des phénomènes les plus complexes auquel elle est confrontée. En traitant de la relation, elle aborde une dimension spécifique de la vie sociale. Elle révèle, à l'intérieur d'un contexte donné, l'irréductibilité des positions sociales à un niveau de sentiments interpersonnels; toute relation est déterminée par des statuts, des attitudes, des fonctions qui créent des distances entre ceux qui sont en rapport les uns avec les autres. La nature relationnelle de l'homme s'exprime par la communication, qui est un moyen tout à fait nécessaire, mais qui fait intervenir des barrières multiples entre les individus et les groupes : « la communication est un mur » (Moles).

Ces éléments constituent un des aspects de ce que l'on appelle les phénomènes sociaux. On ne peut donc comprendre le tissu social comme la simple addition de liens qui se développent dans un groupe ou dans une société. Nos interactions révèlent la structure poreuse de notre identité : nous savons tous qu'en sortant de notre milieu familier, nous changeons nous-mêmes. Cela nous annonce que la réalité sociale se présente comme un système de relations composées de différences nombreuses et variées : différences d'idées, de sentiments, de classes, de sexes, de jugements. Or toutes ces différences forment *une dimension de la vie sociale qui se présente comme un jeu d'influences*; les phénomènes auxquels nous avons à faire sont composés par ces ingrédients particuliers des relations que l'on appelle des rapports de forces.

Comprendre la relation comme système d'influences permet de saisir le poids des déterminations ainsi que la prégnance du contrôle social, dont l'individu n'a pas forcément conscience. Pourtant, si l'on considère l'influence sociale comme une relation, celle-ci comporte une dimension dynamique qui ne la réduit pas à un pur déterminisme : d'un côté, elle se présente comme contrôle social, c'est-à-dire un système de contraintes implicites ou explicites et, de l'autre, son émergence suscite, au moins potentiellement, chez ceux sur lesquels elle s'exerce, des résistances et des écarts, plus ou moins explicites eux aussi. Cela constitue un aspect important de la relation sociale qui sera traité dans cet ouvrage.

A partir de ce constat, que nous propose la psychologie sociale ?
Elle considère essentiellement cette dynamique inscrite dans le social, et elle la définit comme une structure conflictuelle qui s'exprime à l'intérieur de tout système organisé. Dans ce sens, elle nous aide à comprendre que le social n'est pas une réalité homogène, mais qu'il tend vers l'homogénéité dans la mesure où il nivelle les comportements et, par là même, occulte les différences inhérentes à toute construction sociale du réel. En essayant de saisir la nature conflictuelle du social, la psychologie sociale montre que la réalité est constituée de séparations, de divisions, qui forment son noyau incontournable; dans ce sens, le conflit est un aspect déterminant de toute structure sociale; il en est l'élément dynamisant.

La spécificité de la démarche psychosociale est donc de prendre en compte *la réalité sociale comme une réalité conflictuelle*, c'est-à-dire marquée par des tensions inhérentes à la nature et au fonctionnement du tissu social. Celui-ci peut être considéré comme un système relativement stable, mais perforé par des pressions qui les transforment. En ce sens, la réalité sociale est une co-existence d'éléments contraires, aux frontières délimitées mais élastiques, où ordre et désordre, contrainte et liberté, ne sont pas de pures oppositions, mais forment deux pôles interactifs d'un même univers.

On s'est longtemps demandé si la psychologie sociale avait un statut autonome et indépendant, dans la sphère des savoirs concernant l'être humain. En tant que traitement spécifique de la réalité sociale, *elle nous fournit une nouvelle forme de connaissance du social.* L'étude des processus sociaux révèle la nature de ce savoir : il se heurte en permanence aux résistances que le social produit pour pouvoir se perpétuer. La connaissance du social est, d'une certaine façon, d'abord une information sur la manière dont il se dissimule, et cette information nous permet de le comprendre, non plus seulement comme un objet extérieur, mais dans la mesure où nous sommes aussi impliqués comme sujets dans les processus étudiés.

La démarche de la psychologie sociale s'est ainsi formulée, dès ses origines, comme *une pratique de changement* : puisque le savoir du social nous apprend quelque chose sur nous-mêmes et que le savoir sur nous-mêmes est toujours inscrit socialement, nous pouvons, à partir d'une meilleure connaissance de ces phénomènes, modifier ce qui nous conditionne.

Les approches de la psychologie sociale se sont développées, notamment dans la perspective nord-américaine, à partir d'une orientation qui consiste à relier la connaissance à une application concrète dans un domaine donné. Dans ce sens, l'étude du tissu social est destinée à améliorer son fonctionnement; on comprend dès lors que les dimensions de facilitation et d'aide aient été une préoccupation des psychosociologues. Dans la perspective d'une psychologie sociale critique, ce caractère d'aide a été beaucoup moins marqué, car la démarche se définit davantage comme une analyse visant à montrer les contradictions qui existent à l'intérieur de la réalité sociale. Enfin, dans une autre perspective, nombre d'études psychosociales adoptent une démarche où l'expérimentation occupe une place essentielle, soit par l'étude des phénomènes en laboratoire, soit par l'analyse de systèmes sociaux complexes.

Ces différentes approches apportent des réponses distinctes par leur manière de traiter le social : celles qui considèrent que la connaissance doit favoriser un meilleur fonctionnement social et celles qui considèrent que la connaissance du social est relativement indépendante de l'intervention pour le changer.

2. Définitions et concepts

Après avoir dessiné de façon sommaire les contours de la psychologie sociale, nous présenterons maintenant quelques définitions.

2.1. ALLPORT

C'est Allport (1924) qui propose une des premières démarches qui fixe l'objet de la psychologie sociale à *l'étude des relations* : « La psychologie sociale a pour objet l'étude des relations réelles ou imaginées de personne à personne dans un contexte social donné, en tant qu'elles affectent les personnes impliquées dans cette situation ».

a) Dans le contexte des recherches nord-américaines, la relation est essentiellement entendue comme **relation interpersonnelle,** car la société dans son ensemble est considérée comme un système d'interactions et d'échanges d'individu à individu. C'est l'individu qui est l'élément central du système relationnel et ce sont donc les échanges interindividuels que traite la psychologie sociale.

b) L'approche d'Allport met en outre l'accent sur la **fonction du contexte** dans lequel un échange se produit. Ici, le contexte n'a pas une réelle valeur de détermination; il renvoie à la signification des échanges.

c) Nous trouvons enfin annoncé, dans cette définition, un aspect qui deviendra de plus en plus central, à savoir la **valeur de la représentation sociale**, qui va prendre un rôle essentiel dans l'explication des intentions et des motivations : les représentations que les gens se font d'eux-mêmes et de leurs rapports expriment des intérêts, une volonté, et proposent une orientation précise de l'action. En effet, la façon dont les individus se représentent la matérialité des composantes d'une relation définit sa vraie signification, en fonction de l'impact symbolique qu'elle prend à leurs yeux.

Cette première définition nous donne un point de vue large concernant les deux dimensions de la réalité que traite la psychologie sociale, à savoir, d'une part, des systèmes plus ou moins organisés, d'autre part, des conduites individuelles.

2.2. GERGEN

Une définition plus récente (Gergen, 1981) dégage la nature et la fonction de la psychologie sociale; elle délimite son domaine propre à l'analyse des relations : « En termes formels, la psychologie sociale est une discipline où l'on étudie de façon systématique les interactions humaines et leurs fondements psychologiques. Une étude systématique comprend habituellement les trois composantes suivantes : le développement d'une théorie, l'appui empirique à la théorie, l'encouragement à l'action. »

Le champ de la psychologie sociale, défini par les recherches nord-américaines, consacre la notion d'interaction comme un objet privilégié des échanges sociaux.

Une précision terminologique permettra de comprendre que l'idée de relation est, selon les cas, traduite par deux concepts distincts qui se réfèrent chacun à un univers théorique différent : la notion de rapport et la notion d'interaction.

a) **La notion de rapport** est issue de la sociologie et définit la relation non pas comme une simple mise en liaison extérieure d'individus tout à fait indépendants les uns des autres, mais comme un processus dynamique qui modifie en permanence les deux pôles impliqués. Elle montre l'importance de la distance sociale : il n'y a pas de rapport sans distance. Ainsi, être en relation, c'est montrer que nous sommes confrontés en permanence à ce qui nous différencie biologiquement, physiquement, socialement, culturellement. Tout rapport est considéré comme un processus dynamique qui est partie intégrante de la structure sociale.

Dans cette perspective, l'objet de la psychologie sociale est l'ensemble des rapports sociaux par lesquels les individus se trouvent non seulement déterminés de l'extérieur par leurs relations, mais aussi au-dedans d'eux-mêmes. C'est donc le fond de la réalité sociale qui est structuré comme un rapport. Les relations ne sont pas des agents neutres de liaison, elles ont toujours une fonction de structuration des conduites.

b) A côté de l'idée de rapport, **le concept d'interaction** se réfère à un autre univers théorique. Il montre que l'ensemble des relations interpersonnelles est le produit d'un processus de socialisation et que les individus n'existent, dans un système social, que dans la mesure où ils y sont intégrés.

L'interaction est un processus d'apprentissage social valorisé comme un mode positif de communication. C'est un concept intégrateur, issu de recherches qui définissent la société globale comme un système d'interactions fondé sur la meilleure coopération des individus entre eux. Ainsi, être en relation, c'est adhérer au système social dans lequel on se trouve. Interagir, c'est favoriser son intégration au système dans lequel on vit. A travers l'idée d'interaction, la société se comprend comme une multiplicité de conduites en relation les unes avec les autres, et non pas comme une réalité qui oppose plus ou moins fortement les individus, en fonction de la position qu'ils occupent dans la société.

Si la psychologie sociale traite un ordre de faits sociaux particuliers, les relations, il apparaît que selon la conception que nous en avons, ces relations n'ont pas le même sens : l'idée de rapport se réfère à une approche antagoniste de la réalité sociale, alors que l'idée d'interaction est une notion fonctionnelle du système social.

2.3. WORCHEL ET COOPER

A côté des approches qui mettent l'accent sur la notion d'interaction, Worchel et Cooper (1976) appréhendent la psychologie sociale sous un angle légèrement différent : ils la définissent comme *l'étude des conditions dans lesquelles les individus sont affectés par des situations sociales*. Ici, le terme de situation sociale se réfère à tous les événements qui se produisent dans l'environnement d'un individu. En privilégiant la notion de situation par rapport à celle de relation, ces auteurs considèrent la psychologie sociale non plus à travers la liaison stimulus-réponse traduite par l'idée d'interaction, mais à travers des ensembles complexes, les situations, dans lesquelles les stimuli sont nombreux et revêtent des significations éventuellement inconnues ou variables.

La notion de situation comporte essentiellement deux aspects : d'une part, le contexte dans lequel un comportement s'exprime et, d'autre part, liée à ce contexte, l'interprétation que l'on en fait, c'est-à-dire la réaction comportementale en fonction de la signification supposée. Toute une orientation de la psychologie sociale s'est inspirée de la notion de situation pour construire des méthodologies expérimentales et étudier le comportement des individus. A l'examen des résultats, apparaît souvent l'impression de fragilité de l'être dans le champ social. Ainsi, en manipulant des situations, les psychologues sociaux s'aperçoivent à quel point on peut, par la même occasion, manipuler les individus. Cette impression permet de se demander dans quelle mesure l'individu est à la merci de son environnement social et dans quelle mesure il peut y réagir en faisant usage d'une liberté individuelle.

2.4. DÉFINITION

A partir des éléments énoncés précédemment, nous proposons la définition suivante : *la psychologie sociale est l'étude des relations complexes existant entre les individus, les groupes, les institutions, dans une société donnée; ce système de relations est déterminé non seulement par des variables personnelles, mais par un champ social qui lui imprime une forme propre et donne lieu à des conduites caractérisées sur le plan socio-culturel.*

a) La psychologie sociale s'occupe donc des **processus qui forment les conduites sociales** : elle montre que le principe d'une conduite est déterminé par la nature des relations dans lesquelles est placé un individu. Or, celles-ci sont toujours « situées » socialement et insérées dans des structures.

b) Toute **relation** est, au moins partiellement, **déterminée par son inscription dans un contexte ou un milieu donné**. Celui-ci se définit comme un « construit social » et indique qu'il s'agit d'une forme d'intervention de la société sur elle-même : le champ social est un champ « produit » socialement; il pétrifie en quelque sorte la relation dans les formes culturelles et sociales préexistantes.

c) Mais l'articulation entre **détermination des contraintes et dépendance des comportements** est fondamentalement incertaine. Elle confère au fonctionnement social et aux conduites un caractère ambigu. La psychologie sociale est, en ce sens, une interprétation de l'ambiguïté sociale créée par la complexité de ces processus.

C. LES PRINCIPALES ORIENTATIONS THÉORIQUES

Nous avons vu que la psychologie sociale s'est formée à partir d'analyses qui ont pris tantôt les phénomènes psychologiques, tantôt les phénomènes sociaux, comme éléments explicatifs de la réalité. Nous allons maintenant mettre en évidence les orientations théoriques autour desquelles elle s'articule. Nous montrerons d'abord à quel type de préoccupations répond une théorie, pour présenter ensuite quelques orientations théoriques importantes.

1. La place de la théorie

Pour comprendre comment se construit une théorie, il faut partir du mécanisme le plus élémentaire par lequel chacun de nous appréhende la réalité : nous avons tous des idées implicites sur des faits ou des situations de la vie quotidienne; autrement dit, nous produisons d'abord des images sur la réalité que nous essayons de comprendre. Nous avons des appréhensions, nous en formulons les contours sur la base de sentiments et d'intuitions. Ainsi, nous établissons des relations entre certains comportements individuels et l'apparence extérieure des gens : nous considérons par exemple que telle tenue vestimentaire déplaira à notre entourage, ou bien qu'il convient d'adopter telle attitude pour être bien perçu par les autres. Par conséquent, nous utilisons un ensemble d'éléments implicites que nous pourrons caractériser comme des « théories implicites » sur la réalité sociale, sur la réaction des autres aux événements.

Face à toutes ces liaisons diffuses que nous établissons entre divers événements, situations ou conduites, la psychologie sociale cherche à ériger des énoncés explicatifs qui concernent l'ensemble des cas individuels rencontrés. Ainsi, plutôt que de chercher à étudier des situations identiques à celles que nous connaissons et à les comparer entre elles, la psychologie sociale essaie de voir comment les gens se comportent dans des situations différentes des leurs, différentes de leurs opinions, de leurs attitudes habituelles. En dégageant des constantes à partir de ces écarts observés, elle va construire des explications logiques et cohérentes. En effet, comme nous venons de l'affirmer, la plupart des idées implicites que nous avons sont pleines d'incohérences et de contradictions. Nous pouvons estimer par exemple que les gens ont besoin de changer, et penser dans le même temps que la sécurité de leur situation est un élément nécessaire.

En cherchant à formuler des théories, la psychologie sociale essaie de prendre de la distance par rapport à ses propres implications, mais cela ne signifie pas qu'elle soit extérieure à la réalité. Une théorie n'est pas réellement neutre, autrement dit la neutralité consiste précisément à tenir compte de son implication subjective, afin d'objectiver la réalité étudiée de façon aussi indépendante que possible de cette subjectivité immédiate.

Bien évidemment, cela ne signifie pas qu'il ne puisse exister qu'un type de critère pour expliquer les phénomènes. Etant donné leur diversité, on conçoit aisément que tous ne peuvent se référer à une même théorie et que celle-ci, donc, ne fixe qu'un aspect de la réalité, en s'appuyant sur des critères qui lui permettent de dégager un point de vue particulier sur elle.

A partir de ces éléments, nous pouvons définir une théorie comme *la formulation d'énoncés généraux, organisés et reliés logiquement entre eux.* Ils ont pour but de décrire un domaine d'observation et de fournir à son sujet un système explicatif général, c'est-à-dire de dégager des lois propres et spécifiques qui peuvent servir à comprendre des phénomènes identiques. Il s'agit de propositions cohérentes qui expliquent pourquoi tels comportements se produisent, pourquoi il existe une relation entre tel phénomène et telle attitude.

2. Les conceptions théoriques en présence

Après avoir situé les diverses fonctions de la théorie, nous pouvons maintenant examiner les principales orientations théoriques en psychologie sociale.

2.1. LES THÉORIES BEHAVIORISTES

En psychologie sociale, un ensemble d'approches partent du postulat que les mécanismes qui président à la vie sociale sont rationnels. On peut regrouper sous cette orientation les théories comportementales qui proposent une explication causale par rapport à un certain nombre de phénomènes. Elles partent de l'être individuel situé dans un milieu et possédant un comportement autonome, influencé par des stimuli qui lui viennent de l'extérieur. Ce sont ces stimuli qui vont déterminer la nature de son comportement. Ainsi, toute action, toute conduite humaine sera définie comme une réaction, c'est-à-dire liée causalement à une quelconque modification d'événements extérieurs.

A la base, nous trouvons ici un déterminisme traduit dans l'équation fondamentale : stimulus + organisme = réaction. On peut le considérer comme une sorte d'axiome de causalité. C'est ce qui permet d'expliquer l'apprentissage de nouveaux patterns dans le comportement, dans la mesure où l'on met l'accent sur le pouvoir des événements extérieurs susceptibles de le modeler. Ces théories soutiennent que l'individu est un être malléable, dans le sens où il modifie son comportement en fonction des stimuli qui agissent sur lui. L'idée de malléabilité explique le processus d'apprentissage en établissant une relation entre les différents patterns de l'environnement et les comportements humains. Pour les behavioristes, il devient possible de prévoir les comportements en manipulant les éléments du milieu; on peut alors exercer un contrôle sur la réalité, de sorte que les gens soient déterminés, par certains événements environnementaux, à orienter leurs conduites d'une façon plutôt que d'une autre.

Dans une expérience classique de Verplanck (1955) portant sur le contrôle ou l'influence d'une conversation par le recours à l'approbation ou la désapprobation, la théorie comportementale a permis de dégager que ces deux éléments peuvent être utilisés pour influencer le nombre d'opinions émises. La psychologie sociale, s'appuyant sur ces théories, cherche donc essentiellement à définir les pouvoirs d'influence d'un environnement sur les interactions humaines.

2.2. LES THÉORIES COGNITIVES

Elles sont orientées essentiellement vers l'étude des processus mentaux; leur rôle est d'analyser l'effet des connaissances (pensée) et de leurs significations (interprétation) sur l'activité sociale. Alors que les théories comportementales mettaient l'accent sur la valeur déterminante des stimuli externes, la théorie cognitive vise à décrire et à expliquer comment les processus intérieurs imposent une forme au monde extérieur. Un exemple déjà classique, la théorie du champ de Lewin (1951), peut éclairer comment fonctionnent des processus mentaux.

L'idée de champ repose sur le principe d'interdépendance existant entre la personne et son environnement. Mais l'environnement ne se réduit pas à ses composantes physiques : un champ, c'est l'environnement « psychologique », c'est-à-dire tel qu'il existe pour l'individu. Il désigne ces processus mentaux qui le structurent pour constituer un champ topologique, c'est-à-dire un espace mental fait de valeurs qui déterminent les conduites dans un environnement. Ainsi la théorie cognitive permet d'attirer l'attention sur le fait que ce qui détermine d'abord le comportement, c'est la façon dont l'individu se représente le monde sur le plan psychologique. Dans cette perspective, ce sont les constructions mentales qui influencent les conduites et leur intérêt est de saisir les effets produits sur l'activité sociale. Dans ce sens, les perceptions sociales, les opinions ou les préjugés en tant que processus mentaux positifs ou négatifs façonnent les relations sociales.

2.3. LES THÉORIES PHÉNOMÉNOLOGIQUES

On peut les définir comme une approche systématique pour observer et décrire les caractéristiques essentielles des événements tels qu'ils se présentent à nous. Elles cherchent par principe à dégager ce qu'il y a de général dans les conduites, d'indépendant des contingences particulières pour les décrire en termes globaux.

L'approche phénoménologique cherchera tout d'abord à isoler, caractériser les conduites comme des phénomènes, c'est-à-dire comme des éléments qui sont provisoirement indépendants de leur insertion particulière dans un contexte, dans une situation trop précise, dans une cause trop particulière pour en faire un objet d'étude isolable. L'attitude phénoménologique, c'est la réduction simple à l'essentiel, plus ou moins indépendant d'une signification qui, elle, s'imposera ultérieurement.

En d'autres termes, une théorie phénoménologique est la mise entre parenthèses de l'ensemble des particularités définies de nos conduites ou de nos actions, de leur intentionnalité ou de leur sens. Elle est une science du contenant et non du contenu, une science des formes et non des significations. Elle demande l'adoption de ce que l'on appelle la naïveté disciplinaire, ou encore « l'observation naïve », c'est-à-dire la suspension volontaire de tous les postulats implicites ou explicites qui peuvent biaiser l'observation. Cette attitude invoque le refus de la signification apparente au profit de la forme perçue, le refus du contenu au profit du contenant.

De cet ensemble d'opérations se dégage la notion de « phénomène », défini comme un tout organisé dont on met provisoirement entre parenthèses les fonctions particulières. La question phénoménologique est simplement : « Qu'est-ce qui est là ? » Sans se demander pourquoi, comment. La signification d'un événement, d'un comportement, n'apparaîtra qu'à la fin du processus et non pas au début, comme l'élément intégrateur à partir des critères descriptifs de l'ensemble des actes particuliers effectués par les êtres humains : manger, dormir, voyager. Les caractéristiques ainsi dégagées permettront de constituer les phénomènes en les réduisant à l'essentiel.

Ces approches sont sous-tendues par une attitude fondamentale : on évite, au départ du moins, de porter un jugement sur la réalité, car la plupart du temps, elle ne se donne pas à comprendre, mais seulement à voir; les phénomènes ne sont pas clairs et donc ne nous permettent pas de les juger. En dégageant simplement les phénomènes, il s'agit d'établir une distanciation d'avec nos propres jugements, mais aussi d'avec la réalité particulière avec laquelle nous sommes en rapport, pour lui permettre « d'apparaître » d'une façon aussi indépendante que possible de la nature de notre propre observation, ainsi que des fonctions particulières que nous pourrions lui attribuer.

2.4. LES THÉORIES SYMBOLIQUES

Leur perspective générale développée notamment par la théorie de l'interaction symbolique (Mead, 1956) a fait apparaître les différences qui peuvent exister d'un groupe ou d'une société à une autre, dans l'organisation de la vie sociale et des échanges. Ces théories, basées sur une approche interculturelle, envisagent la réalité comme un ensemble de construits sociaux à partir de l'importance du système des symboles collectifs en œuvre. Ceux-ci reposent sur des systèmes de valeurs, de normes, de croyances, partagées par les membres d'un groupe ou d'une société.

On reconnaît ainsi le sens d'une action à partir des formes symboliques qui jouent dans une situation pour lui donner telle ou telle valeur. L'existence d'éléments symboliques est considérée comme opérante pour modifier la réalité. C'est en proposant des valeurs, en les traitant, en les utilisant, que l'on atteint les fins que l'on poursuit à l'intérieur d'une situation sociale.

Les théories symboliques montrent que chaque phénomène comporte cette dimension qui est inhérente au fonctionnement social. L'accent est donc mis sur « l'efficacité symbolique » (Lévi-Strauss), dans la mesure où la réalité est définie comme celle à laquelle on croit; une fois qu'un certain nombre d'éléments sociaux s'objectivent sur ces bases, ils agissent comme de nouveaux systèmes d'influence. Un certain nombre de phénomènes sociaux et organisationnels ont été étudiés sous cet angle pour montrer comment opèrent ces constructions symboliques; par exemple, le dirigeant développera sa propre compréhension de l'entreprise et, à partir de là, produira les symboles de son action et de son pouvoir pour influencer les membres de l'organisation et la réalité environnante.

Les théories symboliques peuvent ainsi être définies comme une étude de la dynamique des systèmes culturels; elles montrent comment, à travers les normes, les traditions et les valeurs, ils sont utilisés ou interviennent comme facteurs d'influence des comportements. Dans cette perspective, la réalité sociale n'est pas réductible à la réalité objectivée : chacun manipule des symboles pour agir. Les processus sociaux sont des jeux symboliques qui permettent de donner une interprétation aux croyances et aux valeurs produites dans une société.

LECTURES CONSEILLÉES

Ouvrages anglais

HOLLANDER E.P., HUNT R.G., (1976) : *Current perspectives in social psychology*. London, University Press.

WATSON D.L., DEBORTAIL-TREGER G., FRANK J., (1981) : *Social Psychology* . Glenview. ill. Scott Foresman.

Ouvrages français

CASTELLAN Y., (1970) : *Initiation à la psychologie sociale*. Paris, Armand Colin.

DAVAL R., BOURRICAUD F., DELAMOTTE Y., DORON R., (1967) : *Traité de psychologie sociale* (2 tomes). Paris, P.U.F.

DOISE W., (1982) : *L'explication en psychologie sociale*. Paris, P.U.F.

FRAISSE P., PIAGET J., (1969), « Psychologie sociale. » In : *Traité de psychologie expérimentale*, tome IX. Paris, P.U.F.

LÉVY A., (1965) : *Psychologie sociale. Textes fondamentaux anglais et américains*. Paris, Dunod.

LEYENS J.P., (1979) : *Psychologie sociale*. Bruxelles, Mardaga.

MAISONNEUVE J., (1973) : *Introduction à la psychosociologie*. Paris, P.U.F.

MAISONNEUVE J., (1981) : *La psychologie sociale*. Paris, P.U.F., coll. « Que sais-je ? », 13 éd., n° 458.

MOSCOVICI S., (1984) *Psychologie sociale*. Paris, P.U.F.

Psychosociologies, (1980). *Connexions*, n° 29. Paris, Epi.

2. *La relation sociale*

Pour la psychologie sociale, l'être humain est un être relationnel, car les relations définissent la nature sociale de tout individu. Ce chapitre a pour objet l'étude de cette réalité centrée sur le concept d'interaction. Il se décompose en deux parties : la première traite des différentes modalités de la relation sociale, la seconde aborde une forme de l'interaction définie par le concept d'échange social.

A. LE LIEN SOCIAL

1. Les concepts

Avant de développer les processus de la relation et les facteurs qui les déterminent, nous préciserons quelques notions.

1.1. LE LIEN SOCIAL

Le concept de base, à la fois le plus simple et le plus difficile à cerner en psychologie sociale, est celui de lien ou de relation. Il est un trait de la sociabilité de l'être humain. La notion même de lien caractérise à la fois une manière d'être humain et les modalités d'expression qui l'accompagnent. Ainsi, par exemple, elle traduira l'idée de mise en situation dans le sens où chacun est plongé dans un contexte, inséré dans un champ social qui, d'une façon ou d'une autre, l'établit dans un réseau d'échanges.

Dans un autre sens, le lien montre les formes particulières d'influence qui agissent sur les comportements. Enfin, le lien se réfère à des fonctions-supports qui permettent d'établir une liaison avec les autres et l'environnement. La communication est, à cet égard, un des moyens d'établir des relations.

Tout individu se trouve relié d'une quelconque manière à autrui, parents, frères, institutions, groupes, etc. Il est donc inséré dans un tissu social complexe qui l'enserre, oriente son action et définit sa sociabilité. Ce lien social s'actualise de plusieurs façons au cours de l'évolution d'un individu et selon les contextes dans lesquels il va vivre.

1.2. L'AFFILIATION

A côté de l'idée de relation, le terme d'affiliation indique la nature fondamentalement sociale de l'être humain comme être-avec-les-autres; celle-ci se traduit dans les différentes formes de conduite par lesquelles on établit des liens avec eux. Une des formes privilégiées est l'attachement, comme nous le développerons plus loin. Dans ce sens, la sociabilité de l'être humain s'exprime par un besoin fondamental de pouvoir compter sur les autres, en s'appuyant sur eux.

Pour certains auteurs (notamment Wilson, 1975), l'affiliation est, pour une grande part, liée à la nécessité, pour les individus, de coopérer afin de vivre en société. Selon eux, il s'agit même d'un facteur de constitution du lien social : ainsi la recherche de la subsistance dans la chasse a obligé les individus à établir entre eux un lien social basé sur la coopération. Celle-ci met donc en évidence un mécanisme essentiel de l'affiliation : la découverte de l'interdépendance, qui peut être définie comme l'ensemble des situations où la présence d'autrui est nécessaire à chacun pour poursuivre ses propres buts.

L'affiliation apparaît comme la recherche d'une relation avec autrui, qui intervient de manière significative quand les individus sont en situation de stress, comme l'ont montré certaines expériences. On a constaté tout d'abord que le contact social est recherché quand les individus sont dans des situations qu'ils ne comprennent pas.

> Schachter (1959) a provoqué une telle situation dans une salle de classe de filles dans laquelle la directrice est venue chercher une des élèves (complice), au milieu d'un cours, en ne donnant aucune explication. L'incertitude a suscité un rapprochement entre les autres élèves pour trouver une explication à un tel événement.

L'affiliation s'exprime également quand les individus sont confrontés à un contexte d'anxiété. Des études ont montré que, dans un tel contexte, ce sont les individus qui ont peur qui ont le plus tendance à se rapprocher (Schachter, 1959). Mais les résultats ne permettent pas d'affirmer que l'affiliation soit un facteur de réduction de la peur. Ces données expérimentales sur l'affiliation dégagent l'importance de nos relations avec les autres.

1.3. L'ATTRACTION

La notion d'attraction définit, à l'intérieur d'une relation, la dimension émotionnelle à l'égard des autres qui se caractérise par l'expression d'attitudes positives (la sympathie) et peut se traduire par le désir de se rapprocher d'eux. Durkheim (1960) avait déjà affirmé que la cohésion sociale était renforcée par les sentiments d'attraction. Cette notion permet de dégager l'importance de la dimension affective dans les relations sociales.

A travers l'attraction, les relations sont abordées en fonction de ce que nous éprouvons à l'égard des autres. La théorie de Homans (1974) donne aux facteurs affectifs une interprétation particulière, selon laquelle les sentiments que nous avons pour les autres s'expriment en termes de profit, c'est-à-dire qu'une relation s'établit quand elle correspond à des gratifications possibles pour nous. L'attraction serait ainsi la différence entre le taux de gratifications reçues et le coût d'une relation.

Cette approche insiste sur le caractère fonctionnel des sentiments dans une relation, en montrant que l'attraction dépend de la valeur que l'on accorde au comportement d'une autre personne. Dans ces conditions, la valeur accordée à un comportement varie selon les situations. Par conséquent, les relations changent d'une situation à une autre et sont relatives et précaires.

2. La formation du lien social

Les relations qui se construisent, se développent et se défont au cours de l'expérience humaine sont fortement marquées par la période de l'enfance. Celle-ci constitue le fondement de toutes les relations ultérieures, car les premières relations sociales, et souvent les plus intimes, sont vécues par chacun à travers son rapport à sa mère. L'entrée dans la relation sociale fait intervenir deux aspects essentiels : l'attachement et la socialisation.

2.1. L'ATTACHEMENT

L'attachement peut être défini comme une relation affective qui unit deux individus, à travers la valorisation et l'importance qu'ils ont l'un pour l'autre. Maccoby et Masters (1970) ont recensé les manifestations les plus caractéristiques de l'attachement à la mère chez le jeune enfant : il recherche le contact physique en s'aggripant; il sourit et pleure, si ces expressions sont considérées comme des formes de l'attachement, leurs fonctions semblent complexes, car elles vont évoluer et s'ajuster au contexte social.

Les théories de l'attachement se divisent en deux grandes tendances : l'une qui le considère comme une relation sociale instinctuelle et l'autre qui le définit comme une relation acquise, en réponse aux soins apportés à l'enfant. La théorie de Bowlby (1969) constitue une synthèse de ces deux points de vue; selon lui, l'attachement est une relation sociale instinctuelle qui se réfère, chez l'enfant, à des dispositions innées, lesquelles se mettent en action en réponse à des sollicitudes de la mère à son égard. L'attachement apparaît donc comme une conduite interactive s'établissant en relation avec l'entourage, qui apporte à l'enfant un certain nombre de soins et d'attentions. Elle se constitue en réponse à la façon dont les parents s'occupent de l'enfant; elle deviendra également plus spécifique, au fur et à mesure du développement, en introduisant une différenciation progressive entre l'enfant et ses parents.

Cette première construction de la relation sociale qu'est l'attachement comporte deux dimensions : elle est une réponse active à la sollicitude exprimée par les parents quand ils satisfont les besoins physiques de l'enfant; elle produit une création de liens en établissant une dimension affective à travers laquelle l'enfant et la mère se sentent profondément liés l'un à l'autre. La relation d'attachement n'est pas uniquement la « reconnaissance du ventre », pour la satisfaction des besoins physiologiques. La dimension affective de l'attachement n'est pas spécifique à l'être humain; elle a été démontrée lors d'une expérience sur des bébés singes (Harlow, 1958,1972).

Cette recherche était basée sur le dispositif suivant : on a séparé des bébés singes de leur mère et on les a placés dans une cage dans laquelle se trouvaient deux substituts maternels. Il s'agissait de mannequins : l'un était recouvert de velours très doux, l'autre était en fil de fer, muni d'un biberon qui permettait au singe de s'allaiter; tous les jeunes singes étaient alimentés par ce dispositif. L'étude partait de l'hypothèse suivante : si l'attachement des bébés singes est uniquement un comportement instinctuel, celui-ci se manifestera par une relation privilégiée avec le mannequin en fil de fer qui les allaite. On a alors placé les singes dans des endroits qui ne leur étaient pas familiers ou près d'objets qui leur faisaient peur, afin de savoir vers quel substitut maternel ils se dirigeaient.

Les résultats montrent qu'après une première réaction de frayeur, les bébés singes se dirigeaient sans hésitation et s'accrochaient au substitut maternel en étoffe. Cette relation leur apportait visiblement une sécurisation et un apaisement, puisqu'ils se mettaient ensuite à explorer leur nouvel environnement, mais en revenant toujours vers ce substitut, entre deux explorations. L'attachement au substitut maternel en velours est ainsi évident, alors qu'il ne procure aucune satisfaction des besoins physiques.

L'attachement se constitue donc comme une relation qui s'établit à partir de la combinaison de deux éléments : les soins physiques et la sécurité affective. A côté de ces caractéristiques de l'attachement, de nombreuses recherches ont souligné son importance vitale chez l'enfant, pour le développement de ses relations sociales ultérieures : elles ont montré une corrélation entre la qualité des attachements vécus dans la prime enfance et la capacité d'établir des relations intimes à l'âge adulte.

Ce sont les études portant sur l'angoisse de séparation et, ultérieurement, la séparation effective d'avec la mère, qui ont permis de mettre en relief la nature de l'attachement. L'angoisse de séparation intervient quand l'enfant est laissé seul par sa mère, dans un endroit qu'il ne connaît pas. Cette situation entraîne chez lui des manifestations de détresse, car la présence de la mère représente un pôle affectif auquel il se raccroche, quand il est désorienté par une situation inconnue pour lui. L'étude des réactions à la séparation a permis de distinguer *trois types de relations d'attachement* (Ainsworth, Blehar, Waters et Wall, 1978) :

— *une relation d'apaisement*, chez les enfants très attachés à leur mère, une fois qu'ils l'ont retrouvée;

— *une relation d'évitement du contact physique*, chez des enfants moins attachés à leur mère;

— *une relation de recherche de contact*, dans un premier temps, et de rejet ensuite, une fois qu'ils ont retrouvé la mère, chez des enfants relativement peu attachés à elle.

Les effets de la séparation ont été étudiés au cours de nombreuses recherches, pendant et après la Seconde Guerre mondiale (Spitz, 1949). Il s'agissait d'enfant placés dans institutions qui étaient essentiellement préoccupées de leur apporter les conditions d'hygiène et les soins physiques indispensables, mais qui, en même temps, les isolait presque totalement du monde des adultes : le contact n'avait lieu que lorsque l'on venait chercher les enfants pour les reprendre.

Les réactions des enfants à ce type de situations furent de deux ordres. Un certain nombre d'entre eux ont manifesté une indifférence progressive aux relations avec l'entourage : ils n'établissaient aucune différence entre les personnes familières et les étrangers qui les approchaient. D'autres, au contraire, ont exprimé un besoin insatiable de contacts. A côté de ces effets à court terme, on a observé l'impact sur leur vie ultérieure; de nombreux enfants soumis à cette séparation et ayant vécu dans ce type d'institution ont montré, plus tard, des signes d'inadaptation sociale plus ou moins marquée.

A travers ces expériences, l'attachement apparaît comme un des liens sociaux profonds qui forme le noyau des relations ultérieures que chacun peut créer dans sa vie. Par conséquent, la capacité de relations d'un individu dépend de la qualité des attachements dont il a été l'objet et qu'il a pu développer à son tour, au cours de sa prime enfance.

2.2. LA SOCIALISATION

Un deuxième élément permet de rendre compte de la formation du lien social : c'est la socialisation. Elle peut être décrite comme le processus d'apprentissage et d'intégration sociale à travers la relation. Simmel (1917) la définissait comme une « entrée dans la relation sociale » (*Vergesellschaftung*). La notion de socialisation recouvre ainsi le développement de la sociabilité, c'est-à-dire les différents types d'apprentissage auxquels est soumis l'individu. La socialisation est étudiée tantôt comme un processus autonome de développement, tantôt comme le résultat d'un système d'interactions.

Les recherches de Piaget (1957) montrent que certains processus fondamentaux de socialisation sont indépendants des cultures et des contextes sociaux particuliers et sont essentiellement fonction du développement des structures cognitives. Dans le même sens, les travaux de Schutz (1960) avaient montré que la socialisation dépendait de la sociabilité de l'être humain qui s'exprimait autour de trois besoins fondamentaux.

Le besoin d'inclusion apparaît comme une tendance fondamentale à rechercher la communication et le contact. Il s'agit d'un besoin très archaïque qui consiste à exister aux yeux des autres, à travers l'attention qu'ils vous accordent et la relation qui en découle.

Le besoin de contrôle concerne les interactions entre le besoin de sécurité et celui d'avoir une prise sur autrui. Ces besoins apparaissent plus tard, au cours de l'enfance, quand l'individu doit intérioriser les normes pour parvenir à une plus grande autonomie.

Le besoin d'affection porte sur les liens d'attachement à autrui. Alors que les besoins d'inclusion et de contrôle s'établissent dans le cadre d'une relation plus large, au sein du groupe familial, par exemple, l'affection concerne essentiellement les relations à deux.

Cette approche décrit le processus de socialisation à partir d'une dynamique des besoins de sociabilité de l'individu lui-même.

Les recherches qui définissent la socialisation comme des processus d'interactions montrent à quel point les relations constituent des formes variées d'adaptation. Des expériences (Stern, 1977) ont démontré que, dès la naissance, c'est l'enfant lui-même qui est l'élément dominant de l'interaction; c'est lui qui détermine la cadence, l'intensité et la nature de ses expériences.

La socialisation construit ainsi l'enfant, à travers les relations qu'il établit avec les autres, avec son entourage, en même temps qu'il se découvre progressivement lui-même et qu'il affirme son propre Moi. Avec l'âge et les nouvelles possibilités de représentation, l'enfant va se différencier de son entourage et modifier ses relations à autrui : ainsi, dans la formation de son jugement, il aura tendance à les interpréter de façon égocentrique, tant qu'elles seront limitées à ses parents. Quand apparaîtra (entre 8 et 11 ans) la conscience de la réciprocité et du contrat, l'enfant se trouvera inséré dans un groupe de pairs, où le contrôle parental ne s'exercera plus de manière exclusive; la réciprocité s'établira en fonction de son rapport à des situations externes; à travers elles, il apprendra que lui-même ne peut obtenir une reconnaissance de soi par les autres, que dans la mesure où il leur manifeste à son tour des signes de reconnaissance.

La socialisation montre la nature dialectique de la formation du lien social : l'enfant entre dans la relation sociale à partir de ses interactions avec ses parents. Celles-ci permettront de faire l'expérience de nouvelles interactions, qui l'intégreront progressivement dans l'univers social où l'affirmation de son Moi s'effectuera comme processus relationnel.

3. Les déterminations psychosociales de la relation

Après avoir dégagé les bases sur lesquelles se forme et se développe le lien social, il s'agit de définir les éléments qui déterminent, dans la vie sociale, les relations des individus les uns avec les autres. Trois principaux facteurs seront étudiés : la proximité; la similitude-complémentarité et, enfin, l'attrait physique.

3.1. LA PROXIMITÉ

a) Dans son enquête sur le choix du conjoint, visant à déterminer le rôle de la proximité, Girard (1974) avait montré qu'en dépit de la mobilité croissante de la population, les mariages étaient encore souvent contractés entre personnes ayant les mêmes origines géographiques. Selon lui, les futurs conjoints habitent, dans presque tous les cas, sinon la même localité, du moins à une distance telle que les moyens de transport permettent une fréquentation quotidienne. La notion de proximité traduit le fait que les relations ont tendance à augmenter à mesure que la distance géographique diminue ; la proximité apparaît ainsi comme un des éléments incitateurs dans l'établissement des liens avec autrui.

L'une des premières études portant sur l'influence de la proximité physique sur les relations a été effectuée dans une résidence pour étudiants mariés (Festinger, Schachter, Back, 1950). Il s'agissait de déterminer si la proximité jouait un rôle dans la formation des liens à l'intérieur de cette zone résidentielle. Les résultats ont montré une corrélation étroite entre la situation des appartements et le développement des contacts : plus un appartement est proche d'un autre, plus les couples ont tendance à établir des relations entre eux; ainsi, ceux qui habitaient dans des appartements voisins avaient presque deux fois plus de probabilité de créer des liens d'amitié que ceux qui se trouvaient à deux portes de distance. De plus, on a observé que ceux qui vivaient dans des appartements situés près des escaliers avaient plus de relations que ceux qui se trouvaient au bout du couloir. Donc, la probabilité de se faire des amis décroît au fur et à mesure que la distance entre les appartements augmente. Alors que 40 % des étudiants établissaient des contacts entre eux, s'ils se trouvaient dans des logements voisins, 10 % seulement développaient ces mêmes relations, lorsque l'éloignement était quatre fois plus grand. On a en outre observé que la proximité permettait de développer des relations plus durables.

b) Après avoir montré l'importance de la proximité, nous pouvons dégager **deux caractéristiques** qui permettent de cerner la nature de son influence : la familiarité et la distance.

• *La familiarité* est basée sur les occasions et les fréquences d'une relation. Les études portant sur la familiarité comme facteur de relation (Zajonc, Markus, Wilson, 1974) ont montré que plus les occasions de rencontres avec quelqu'un sont nombreuses, plus il y a probabilité de vouloir entrer en relation avec lui. Au cours d'une expérience, Zajonc a demandé à des élèves de donner leur sentiment sur des photos de personnes qui leur étaient inconnues. Les résultats montrent que les personnes qui se trouvaient plus souvent que d'autres sur les photos ont été évaluées de façon plus positive que celles que l'on voyait moins souvent. Ainsi, même lorsqu'elle n'apparaît pas de façon évidente au sujet, la familiarité avec un objet, une situation, des personnes, crée un sentiment positif probable à leur égard.

• L'étude de *la distance* (Hall, 1971) a permis de dégager des règles de proxémie dans l'établissement des relations. Il s'agit de règles culturelles concernant le comportement spatial et qui précisent la distance physique appropriée dans les relations interpersonnelles, selon les types de situations. Ce n'est donc pas la distance physique qui est en soi un facteur déterminant, mais les règles qui la régissent, selon la nature de la relation. Des études (Sommer, 1969) ont déterminé l'impact des distances sur l'établissement des relations et mesuré la réaction des gens devant l'invasion de leur intimité.

Des chercheurs se sont installés sur des bancs publics où se trouvait déjà une personne seule et se sont assis, à une distance de quinze centimètres

> d'elle. Ils ont mesuré le temps qu'elle mettait pour quitter le banc, après leur arrivée.

Il est apparu que 60 % d'entre elles avaient quitté le banc quinze minutes après l'arrivée de l'intrus. Les individus n'entrent donc pas en relation, lorsqu'ils se sentent menacés par la violation de leur espace personnel.

D'autres recherches ont montré que l'établissement de relations satisfaisantes étaient fonction d'une sorte de contrat concernant la définition de frontières réciproques (Altman, Taylor et Wheeler, 1971).

> L'expérience portait sur un groupe de marins volontaires qui ont été isolés, deux par deux, dans une petite pièce, pendant dix jours. La pièce comportait les installations nécessaires pour vivre durant cette période. Le but de cette recherche était d'analyser le type de relations que les individus allaient développer, ainsi que les facteurs d'influence de celles-ci.

Les résultats ont montré l'importance d'une négociation sur les frontières réciproques, dès le début de l'expérience. Ils ont ainsi confirmé le fait que les relations amicales se sont fait jour chez les partenaires qui s'étaient entendus, dès le départ, sur une répartition de leurs territoires respectifs. Quand les deux marins s'étaient mis d'accord sur l'affectation des objets et des espaces, des relations positives ont pu se développer. En revanche, lorsque ces frontières n'ont pas été établies, les relations n'ont pu évoluer de manière positive. La proximité physique apparaît donc comme un facteur important dans le développement des relations, car elle permet aux individus de les établir sur la base d'un principe d'économie de leur énergie relationnelle.

3.2. LA SIMILITUDE-COMPLÉMENTARITÉ

La similitude est un deuxième facteur retenu pour le développement des relations. Elle peut être définie comme une réciprocité d'intérêts, d'opinions, de goûts, de façons de communiquer. Les individus ont tendance à rechercher, auprès d'autrui, ceux qui leur ressemblent. Un certain nombre d'études ont mis en évidence les effets de la similitude sur le développement de la relation.

Clore et Byrne (1974) ont observé que le rapport entre la similitude et une relation est lié à l'attente que nous avons par rapport à des individus qui partagent la même opinion que nous. Dans ce type de recherche, on communique à des étudiants les opinions d'un camarade; celles-ci peuvent être plus ou moins en accord avec les leurs. On s'aperçoit que les individus recherchent le contact auprès de ceux dont ils considèrent qu'ils ont les mêmes opinions qu'eux; ainsi la relation se développera d'autant mieux que les domaines où il y a accord seront plus nombreux.

> Griffitt et Veitch (1974) ont réalisé une expérience dans un abri antiatomique très réduit, avec treize volontaires qui ne se connaissaient pas auparavant et qui ont été payés pour passer dix jours ensemble. On leur a demandé d'identifier deux d'entre eux qu'ils préféreraient garder et deux autres qu'ils aimeraient exclure du groupe.

Une analyse a montré une forte corrélation entre la similitude d'opinions et l'expression des préférences : ceux qui manifestaient entre eux le plus de prédilection étaient ceux dont les opinions étaient les plus proches.

D'autres recherches ont porté sur d'autres types de similitudes (habileté, état émotionnel, statut social). A partir de ces recherches, on a essayé de définir ce qui, dans la similitude, favorisait la rencontre avec autrui. Trois types de réponses ont été apportés à ce sujet. Tout d'abord la similitude peut augmenter l'estime de soi, dans la mesure où l'on se rend compte que ses opinions sont partagées par d'autres. D'autre part, la similitude développe une relation plus positive avec quelqu'un dont on sait qu'il partage plus de choses avec vous. Enfin, la similitude repose sur l'idée implicite qu'autrui, qui nous ressemble, a des traits de caractère aimables.

Si la similitude peut jouer un rôle important dans la création des relations, un certain nombre de chercheurs ont mis en doute sa fonction dans leur développement. En effet, elle peut également créer de l'aversion, car les relations ne se fondent pas uniquement sur elle, mais aussi sur la complémentarité.

Pour certains chercheurs (Winch, 1958), c'est la complémentarité qui constitue un facteur de relation. La complémentarité met l'accent sur le fait que l'attirance est déterminée, pour un individu, par le complément que les traits personnels de l'autre apportent aux siens. Ce sont donc les différences, plutôt que les similitudes, qui créent et renforcent la relation entre les personnes. L'une peut faire ce dont l'autre est incapable et, de la sorte, la complémentarité apparaît comme un mécanisme compensatoire dans la façon de vivre une relation.

La similitude et la complémentarité interviennent chacune pour une part dans toute relation; leur importance relative dépend d'un ensemble de conditions qui font que les individus recherchent tantôt ce qui les différencie, tantôt ce qui les fait se ressembler.

3.3. L'ATTRAIT PHYSIQUE

L'évaluation de l'apparence physique intervient comme un autre facteur dans l'établissement des relations. L'attrait physique détermine les rapports interpersonnels selon des orientations qu'un certain nombre de recherches ont mises en évidence, montrant de façon générale comment l'apparence physique influence l'évaluation d'autrui et démontrant ainsi le caractère irrationnel de bon nombre de jugements que nous portons sur les autres. Des recherches effectuées dans le cadre scolaire (Dion, 1972) ont porté sur l'évaluation du rendement scolaire d'un groupe d'enfants par des adultes, ainsi que sur l'évaluation de leur conduite. Les résultats ont fait apparaître que l'on a beaucoup plus tendance à récompenser le travail d'un enfant qui a un physique agréable. Ce même enfant, s'il se conduit mal, sera puni moins sévèrement que celui dont le physique est peu attrayant.

> Une autre recherche (Landy et Sigall, 1974) a porté sur l'évaluation de travaux d'étudiantes : une photo était jointe à ces travaux, qui ont été confiés à deux groupes d'étudiants. Le premier avait les travaux d'étudiantes très séduisantes et l'autre avait les mêmes travaux, mais avec des photos d'étudiantes très peu attirantes. Il faut souligner que la moitié des travaux, dans chaque groupe, était bien écrite, et l'autre moitié mal rédigée.

Les résultats ont montré que, malgré une évaluation plus positive des travaux bien écrits, ce sont ceux des étudiantes au physique attirant qui furent jugés supérieurs à ceux écrits par les autres.

La beauté physique devient en soi un élément d'évaluation d'autrui; cela démontre la part d'irrationnel qui intervient dans toutes nos relations.

B. FORMES ET NIVEAUX DE LA RELATION

1. Les principales modalités

En fonction des situations sociales dans lesquelles elles s'expriment, les relations peuvent être décomposées en trois formes distinctes.

1.1. LES FORMES DE LA RELATION

a) La relation interpersonnelle ou la relation à l'autre : cette conception essentiellement développée par la psychologie sociale américaine, étudie les interactions comme des situations d'individu à individu. Elle montre que, dans la relation, c'est à partir de l'individu, considéré comme une unité et un pôle de consistance, que se développent les liens avec autrui. Selon cette orientation, on dégagera un certain nombre de caractéristiques, telles que les gestes ou les rituels interpersonnels, qui interviennent dans la relation et constituent des clés d'interprétation (Morris, 1978).

La relation interpersonnelle forme donc la base des approches psychosociales qui se sont développées pour comprendre les phénomènes de communication et d'interaction dans les groupes, les institutions et la vie sociale.

b) La relation organisationnelle ou la relation aux normes : la deuxième façon d'appréhender les relations consiste à les envisager à partir des rôles que chacun joue, selon son appartenance à une société ou un groupe social donné. On considère alors que l'individu est obligé de se livrer à un certain nombre d'activités suivant des comportements réglés, définis socialement. Ce qui est immédiatement observable dans ce domaine, c'est que certaines formes d'organisation placent chacun dans des formes définies de relation : on travaille, dans un bureau ou une usine; on conduit ses enfants dans telle ou telle école; on fait ses courses dans tel supermarché, etc. Les relations sont alors déterminées socialement par tout un dispositif de normes qui différencie et hiérarchise.

On dira, dans ce cas, que c'est le champ social, et non plus seulement les aspects interpersonnels, qui structure les relations. La relation n'est donc plus envisagée comme une question de bon ou de mauvais sentiment entre les individus en présence, mais l'accent est mis sur le poids relatif des contraintes et des positions sociales occupées par les individus. Quand nous recevons nos amis, nous le faisons spontanément pour la joie de se retrouver et pour leur faire plaisir, mais en réalité notre accueil et nos échanges s'effectuent suivant des règles et un rituel qui correspondent à ce qui est jugé conforme à notre position et acceptable par les autres. Cette forme de la relation montre que l'individu est inséré dans un tissu social dont la fonction essentielle est de l'intégrer à des situations qui, par ailleurs, le conditionnent.

Un élément particulier intervient dans ces formes de relations : c'est le poids des structures hiérarchiques. En effet, nos relations sont toutes en référence à des systèmes de pouvoir. Dans ce sens, on pourrait affirmer d'une manière sommaire que toutes les relations sont des relations de pouvoir, lequel intervient à des degrés divers. Il peut d'abord être entendu comme une influence, c'est-à-dire la capacité pour un individu, chacun d'entre nous, d'imposer ses vues à autrui; à cet égard, nous avons tous, d'une manière ou d'une autre, des relations de pouvoir. Mais le pouvoir est aussi une force, c'est-à-dire une puissance d'action, qui exerce sur les autres diverses sortes de contraintes; dans ce cas, il s'appuie sur un système d'autorité imposant aux individus des fonctions et des façons de faire qui, à leur tour, vont structurer la relation aux autres.

c) **La relation sociale ou la relation à la différence** : l'individu n'est pas seulement inséré dans des organisations, sa relation avec autrui est déterminée par son appartenance à une catégorie sociale définie, à une race, à une classe d'âges. Cet ensemble de facteurs détermine toute relation en créant des distances socioculturelles entre les individus (langage, style de vie, habillement). Leur importance peut être mesurée par un certain nombre de variables comme les modèles de conduites qui indiquent la manière dont les individus se comportent dans un environnement donné et révèlent les attitudes largement suivies dans un groupe.

Par conséquent, la relation ne fonctionne jamais dans un univers socialement neutre. Ces facteurs imposent à toute relation leur poids propre, en montrant les positions irréductibles à la bonne volonté de chacun. Ils font apparaître les tensions inhérentes à toute relation, dans la mesure où l'appartenance de chacun à des situations ou des conditions socialement opposées manifeste la nature inégalitaire de toute structure sociale.

1.2. LES NIVEAUX DE LA RELATION

A côté des formes de la relation ayant trait principalement aux différents aspects sociaux qui les déterminent, Levinger et Snoek (1972) ont proposé un modèle dans lequel ils distinguent trois niveaux de relations qui correspondent à des degrés d'intimité différents et impliquent des modalités d'interactions spécifiques à chaque niveau : le contact initial, la relation superficielle et la relation profonde.

a) **Le premier niveau** est défini par un **contact zéro** dans lequel deux individus sont mis en présence l'un de l'autre, mais sans se connaître; il se caractérise par une prise de conscience unilatérale, dans laquelle l'un des pôles prend en compte l'existence de l'autre qui, à son tour, pourra réagir à l'attention qui lui est portée.

b) **Le deuxième niveau** est défini par la **relation superficielle** entre deux personnes. Celle-ci s'établit, par exemple, autour de centres d'intérêts communs, le cinéma, la musique, l'actualité. Elle peut se constituer aussi à travers les rôles joués par chacun : échanges avec des collègues de travail, des voisins de paliers, des commerçants du quartier. La plupart de nos relations quotidiennes s'édifient habituellement sur ce mode et ne dépassent pas ce contact superficiel.

c) **Le troisième niveau** est défini par la **réciprocité**; il peut lui-même varier, allant de la réciprocité partielle à un partage plus profond qui transforme des intérêts communs en relations d'attachement et d'amour. A ce niveau, se constitue une sphère d'intimité qui intègre étroitement l'autre à ce que l'on fait et à ce que l'on pense, et dans laquelle ce que l'autre sait et pense devient à son tour facteur de l'intimité.

Ces trois niveaux de relations définissent un schéma général d'évolution possible, mais chacun peut s'exprimer chez un même individu, en fonction des situations et des partenaires; ils coexistent chez une même personne et traduisent la variété des relations qu'elle peut établir avec autrui.

2. Les relations intimes

Nous développerons maintenant les relations intimes, car parmi les trois niveaux, ce sont elles qui ont été l'objet d'un certain nombre de recherches. Trois aspects seront retenus : les facteurs qui jouent dans l'évolution des relations, la fonction des normes et le rôle de la communication.

2.1. L'ÉVOLUTION DES RELATIONS

Diverses études ont montré une corrélation entre l'approfondissement d'une relation et le changement des attitudes; elles insistent notamment sur une interaction entre attrait vers l'autre et ouverture de soi. L'expérience de Rands et Levinger (1979) illustre ce point.

> Leur étude porte sur un échantillon de quatre-vingt étudiants auxquels on a demandé de caractériser des types de comportements en fonction de types de relations. Les situations de relations choisies, en fonction d'un degré d'intimité croissant, étaient les suivantes : rencontres occasionnelles, amitiés sincères, relations intimes en dehors de tout contexte institutionnel et relations intimes dans le mariage. Les types de comportements retenus étaient : l'ouverture de soi, les activités sociales, les attitudes positives ou négatives (louanges ou critiques), l'expression corporelle et les contacts physiques. A partir de cette grille, les étudiants ont évalué la probabilité d'apparition des différents types de comportements pour chacune des situations de relations ainsi présentées.

Les résultats indiquent tout d'abord que les contacts physiques et sociaux se développent au fur et à mesure que la relation s'approfondit, mais on s'aperçoit que les comportements se diversifient en même temps : alors qu'au début, ils ont tendance à être exclusivement positifs, on constate ensuite un accroissement de la critique et du contrôle exercé sur la conduite du partenaire. Si les relations s'accompagnent d'interactions plus nombreuses, de contacts physiques et d'ouverture de soi, il apparaît alors une pression accrue par laquelle se crée une conformité plus grande aux attentes de chacun. Le développement d'une relation comporte une dimension conflictuelle, dans la mesure où plus elle s'approfondit, plus elle tend à nier les différences et l'expression de soi. L'évolution d'une relation est ainsi marquée par l'apparition d'éléments contradictoires : une communication plus intense, mais, en même temps, des critiques plus grandes et des pressions orientées vers l'uniformité.

Une étude (Blood, 1967) portant sur l'évolution des relations chez des personnes mariées permet de préciser l'orientation prise par l'intimité dans ce contexte.

> L'hypothèse de l'étude était basée sur le fait que le devenir des relations, chez des couples mariés qui s'étaient choisis librement, était plus satisfaisant que pour ceux dont le mariage avait été plus ou moins décidé par la famille de l'un ou l'autre des partenaires. Blood a cherché à comparer l'évolution des relations dans ces deux cas. Dans ce but, il a choisi la famille japonaise qui, selon lui, était très vivante, et il a comparé des couples mariés qui avaient pris cette décision parce qu'ils s'aimaient et d'autres qui s'étaient mariés parce que la famille l'avait souhaité. Cette étude compare les modifications des manifestations d'amour dans les deux groupes, en prenant comme critère la fréquence avec laquelle le mari exprime son amour pour sa femme.

Les résultats révèlent trois phases importantes :

— Au cours des deux premières années de mariage, il n'y a pas de différence significative entre les deux groupes; dans les deux cas, les hommes expriment autant d'attention et d'affection à leur femme.

— Après la deuxième année de mariage, les signes d'affection déclinent de façon spectaculaire dans les mariages arrangés et ce jusque vers la huitième. Dans les mariages d'amour, on constate une stabilisation entre deux et huit ans après le mariage, même si les manifestations d'amour connaissent une baisse durant cette période.

— La troisième phase se situe après neuf ans de mariage. Les résultats sont identiques dans les deux groupes : l'expression des relations d'amour se réduit au tiers de ce qu'elle avait été au début du mariage. On constate en outre une baisse de l'activité sexuelle, une communication moins grande et une satisfaction moins élevée dans les relations avec le partenaire. Cette étude montre donc que, quelle que soit l'intensité de l'affection et la force des émotions au début du mariage, elles s'estompent progressivement avec le temps.

2.2. LES NORMES DE L'INTIMITÉ

Les relations intimes, qui sont souvent idéalisées et décrites comme irrationnelles, passionnées ou romantiques, n'échappent pas aux normes d'une société donnée. Dans ces relations, comme dans l'expression de leurs sentiments et de leur affection, les individus se conforment généralement à des règles en adoptant des attitudes ou des expressions largement acceptées. Les relations intimes sont donc tributaires des attentes normatives, qui définissent de manière plus ou moins explicite comment on peut exprimer l'affection ou l'amour. A la différence d'autres formes de relations, elles sont soumises à des normes culturelles spécifiques, car le rapport à la sexualité est l'objet d'interdits puissants, puisque déterminé par des systèmes de valeurs qui permettent d'évaluer ce qui est bon ou mauvais dans ce domaine.

Des études (Brain, 1976) ont montré comment *les normes déterminent les relations intimes.* Elles observent que les normes sont fonction des cultures et des époques : elles évoluent avec le temps. Ainsi, dans plusieurs cultures, la polygamie apparaît comme une forme normale de relations sexuelles. D'autres études, (d'Augelli, 1979) ont signalé que dans la société nord-américaine, par exemple, les relations sexuelles étaient beaucoup moins liées qu'auparavant à des critères comme ceux de l'amour et de l'affection; ces études insistent sur le fait que les normes ne sont pas immuables : elles changent en fonction de la valeur que les individus accordent à l'expression de leurs besoins.

Des chercheurs ont analysé la façon dont les individus parlaient de leurs sentiments affectifs et amoureux, pour saisir l'influence des normes dans les relations intimes et montrer qu'il existe un *vocabulaire normatif* pour décrire ses émotions. Berscheid et Walster (1969) ont montré que les émotions se manifestent dans un langage choisi qui caractérise l'adéquation d'un comportement à un niveau de relations. Le vocabulaire a ainsi une fonction d'évaluation, grâce à laquelle on peut saisir si ce qu'on dit est en accord avec le degré d'intimité dans lequel on se trouve; il a aussi une fonction stratégique qui permet de savoir jusqu'où une relation peut s'établir, en fonction de l'accueil réservé par autrui au code ainsi établi.

Si les études ont mis l'accent sur le fait que cette grammaire de l'affection et des relations est fortement tributaire des normes culturelles, ces dernières opèrent en même temps comme un élément d'activation dans l'établissement et l'évolution des relations, car elles fournissent aux partenaires un répertoire commun leur offrant des moyens pour se repérer, se connaître et, donc, le cas échéant, approfondir leurs relations.

2.3. LE RÔLE DE LA COMMUNICATION

Parmi les facteurs importants d'une relation, celui de la communication a été retenu par les chercheurs comme ayant un rôle déterminant. Au cours d'une étude expérimentale, Gottman (1979) a dégagé des formes de communication spécifiques chez des couples mariés, selon qu'ils étaient heureux ou malheureux.

Il a observé tout d'abord que le modèle de communication n'était pas le même dans les deux cas. Les couples heureux manifestaient, lorsqu'ils étaient en désaccord au cours d'une discussion, une attitude à travers laquelle ils acceptaient la position développée par leur partenaire. Au contraire, les couples malheureux laissaient apparaître un « déficit de communication », qui se traduisait par une impossibilité plus ou moins grande d'accepter et de reconnaître les messages du partenaire; en conséquence, ils étaient incapables de formuler des messages susceptibles d'être pris en compte par l'un ou l'autre. Ils restaient enfermés dans des positions rigides qui ne laissaient place à aucun ajustement et semblaient vouées à l'échec. En revanche, les couples satisfaits s'envoyaient et percevaient des messages qui permettaient le maintien de leur relation. Ainsi la communication semble être un critère selon lequel on peut, à la fois, apprécier le niveau de satisfaction dans les relations d'un couple et évaluer, en conséquence, ses chances de vie.

La communication a également été analysée à travers un autre mécanisme, défini par le terme d'autorévélation, qui traduit l'idée que l'on révèle une quantité croissante d'informations sur soi au fur et à mesure qu'une relation s'approfondit.

Ce processus, comme nous l'avons indiqué, a été étudié par Altman et Taylor (1973). Ils envisagent la relation comme un mouvement à l'intérieur duquel l'expression de sentiments positifs accentue la révélation progressive de soi : si l'on ressent que l'autre accepte la totalité de son comportement, les sentiments positifs à son égard se renforcent à leur tour. Plus les individus communiquent entre eux et plus s'opère un processus d'autorévélation qui va d'un niveau superficiel vers un niveau intime, au fur et à mesure que la relation s'approfondit.

L'étude du processus d'autorévélation a, par ailleurs, permis de dégager une autre caractéristique intéressante, à savoir que la relation est toujours une situation dissymétrique : s'il y a ouverture de soi au fur et à mesure qu'elle s'approfondit, il n'y a pas forcément réciprocité directe de cette ouverture chez les deux partenaires. Si des individus révèlent de l'information privilégiée sur eux-mêmes, ils sont fréquemment l'objet d'une appréciation positive de la part des autres, mais ceux-ci ne leur renvoient pas forcément des révélations sur eux-mêmes en retour.

Ainsi la communication est-elle un des moteurs essentiels dans la relation; en même temps, celle-ci n'est pas vécue sur le même mode chez chacun des partenaires. Les relations intimes sont les formes les plus privilégiées, les plus intenses et en même temps les plus fragiles de notre rapport à autrui. Elles définissent un des aspects les plus mystérieux du lien social.

C. INTERACTION ET ÉCHANGE SOCIAL

Alors que la relation définit une dimension de la réalité sociale, l'interaction traduit le processus à travers lequel elle s'exprime. Nous présenterons ici les processus d'interaction à partir des recherches sur les mécanismes d'échanges interpersonnels. La notion d'échange comporte l'idée d'une réciprocité basée sur un mécanisme de transaction : donner et recevoir. Dans cette perspective, toute interaction sociale met en jeu un coût et place les échanges dans une dynamique d'achat et de vente, qui les assimile au fonctionnement des échanges économiques. Examinons tout d'abord les éléments mis en lumière par les théories de l'échange, avant de faire une analyse critique de cette approche.

1. Les caractéristiques de l'échange

L'échange est une transaction dans laquelle nous cherchons à obtenir la meilleure relation possible pour nous; il apparaît comme une situation stratégique. Selon Gergen et Gergen (1981), les individus tentent d'acquérir, à travers l'échange, un plaisir maximal à un coût minimal, c'est-à-dire ils essaient de dépenser aussi peu d'efforts que possible, pour obtenir le maximum de satisfactions : les échanges révèleraient ainsi une stratégie du coût psychologique minimal dans la vie sociale. En effet, comme les interactions sont pour une part incertaines, on cherchera à les établir sur des systèmes d'accomodation qui permettent d'éviter des tensions inutiles et de créer, sinon une satisfaction, du moins un compromis mutuel acceptable.

Une des premières expériences faites dans ce domaine (Sidowski, Wyckoff et Tabory, 1956) cherchait à cerner les modalités par lesquelles deux individus s'efforçaient de parvenir à un échange satisfaisant, dans une situation potentiellement désagréable pour chacun d'eux.

> Les sujets étaient séparés, placés seuls durant vingt-cinq minutes dans une pièce et installés devant une table où se trouvaient deux boutons et un compteur, reliés à des électrodes attachées à leurs doigts. Le dispositif était conçu de telle sorte que chacun avait à sa disposition un bouton à sa droite et un à sa gauche. Il pouvait appuyer sur chacun des boutons aussi souvent qu'il le souhaitait, sa tâche étant de gagner le maximum de points; mais il ne savait pas qu'il n'y avait pas de lien entre le fait d'appuyer sur les boutons et celui de recevoir des chocs ou de marquer des points.

> En réalité, les expérimentateurs avaient relié les boutons de telle sorte qu'en pressant le bouton de droite, le sujet de la première pièce procurait un point à l'autre sujet. Par conséquent, le résultat obtenu par chacun ne dépendait pas de ce qu'il faisait, mais de l'action de l'autre.Quand le sujet de la deuxième pièce appuyait sur son bouton de gauche, il donnait un point au sujet de la première pièce. Quand le sujet de la première pièce appuyait sur son bouton de gauche, il envoyait un choc électrique au sujet de la deuxième pièce, et celui de la deuxième pièce envoyait un choc au sujet de la première pièce, s'il appuyait sur son bouton de droite.
>
> Pour obtenir une solution satisfaisante, il fallait donc que le premier sujet appuie sur son bouton de droite et le second sujet sur le bouton de gauche. Toute autre combinaison les pénalisait. Dans ces conditions, il n'est pas facile d'arriver à un échange satisfaisant, puisqu'aucun ne sait que sa situation dépend de l'action de l'autre.

Les résultats montrent que pendant les quinze premières minutes, le nombre des points que les sujets donnent sans le savoir augmente, puis se stabilise. Le nombre des chocs électriques est peu élevé et décline ensuite. Les attitudes adoptées au cours de l'échange révèlent que les sujets ont cherché des modes d'interactions qui leur évitent trop de désagréments et leur procurent un avantage réciproque.

Sur la base de cette expérience, on a considéré l'échange comme un processus d'accommodation que les individus développent en essayant de s'éviter mutuellement des désagréments, cela afin d'établir une relation acceptable.

2. *Les principes de l'échange*

Pour les théoriciens de l'échange, il existe un certain nombre de règles qui orientent les interactions. Deux règles essentielles se retrouvent dans les différentes recherches : celle qui concerne le type de ressources qui peuvent être échangées et celle qui régit la quantité appropriée de ressources à échanger en fonction d'un critère appelé le principe d'équité.

2.1. L'INTERACTION COMME ÉCHANGE DE RESSOURCES

Les règles relatives au type des ressources ont été essentiellement définies par Foa et Foa (1974), à partir d'études de l'échange social dans diverses cultures. Ils ont classé les ressources de l'échange dans six grandes catégories : l'amour, les services, les biens, l'argent, l'information et le statut. Celles-ci varient en fonction de leur particularisation et de leur matérialité. Par exemple, la plupart des gens considèrent qu'il n'est pas approprié d'échanger une ressource dont la particularisation est faible, comme l'argent, pour une ressource dont la particularisation est élevée, comme l'amour.

A partir de ces deux dimensions, on a défini un principe fondamental de l'échange : plus deux actions sont similaires quant à leur degré de particularisation et de matérialité, plus l'échange entre elles est approprié. Par exemple, si on vous adresse un sourire, il serait inapproprié d'y répondre en donnant de l'argent à la personne qui vous a souri.

> Ce phénomène a été étudié au cours d'une expérience (Foa et Foa, 1974), où l'on a essayé d'évaluer les réactions des individus dans un groupe, lorsqu'un sujet répondait de façon inappropriée à ce qu'il recevait. Un compère, dans le groupe, adressait des messages en termes de degré de particularisation et de matérialité, tantôt semblables, tantôt différents de ceux qu'il recevait.

Il est apparu que les sujets exprimaient plus de satisfaction lorsque la particularisation et la matérialité des messages échangés étaient semblables. Ces théories ont ainsi mis l'accent sur l'importance de l'adéquation qui doit exister entre les messages échangés, car ils sont considérés comme des ressources et constituent un mode de régulation qui incite les individus à trouver, dans chaque situation, un comportement approprié.

2.2. LES RÈGLES DE L'ÉQUITÉ

En plus des ressources échangées, les théories de l'échange ont mis l'accent sur un autre facteur qui est celui de l'importance, ou du taux de ressource, mis en œuvre dans une interaction. Dans ce cas, ce qui est recherché, ce n'est plus la correspondance entre les termes de l'échange, mais leur acceptation résultant de la quantité de ressources échangées : c'est ce que l'on appelle le principe de l'équité.

L'équité peut être définie comme une norme de réciprocité perçue par chaque partenaire comme un facteur essentiel de l'échange, dans la mesure où elle produit un sentiment de satisfaction directement lié à la forme équilibrée de l'interaction. Dans les relations intimes, par exemple, il y aura équité lorsque chaque partenaire a le sentiment que les marques d'affection qu'il prodigue lui sont, d'une quelconque manière, données en retour. Lorsque les individus estiment qu'il n'existe plus de forme équitable d'échanges, ils essaient, soit de la rétablir, soit de trouver des solutions de rechange. Dans la vie professionnelle, ces phénomènes se produisent, par exemple, lorsque les individus considèrent que leur salaire est trop faible par rapport au travail qu'on leur demande, car ils jugent l'équilibre rompu entre ce qu'ils donnent et ce qu'ils reçoivent. Ils peuvent alors adopter diverses positions en vue de trouver une solution acceptable pour eux : déclencher une action revendicatrice, ou définir leurs propres normes d'équité par des comportements qui se traduiront, par exemple, par une baisse plus ou moins caractérisée de la productivité.

Gergen et Gergen (1981) citent une recherche où l'on a essayé d'évaluer le sentiment d'équité dans des relations hétérosexuelles (Walster, Walster et Traupman, 1979). On a demandé à cinq cents étudiants d'évaluer à la fois tout ce qu'ils investissaient et tout ce qu'ils retiraient de telles relations. Ceux qui avaient le sentiment d'investir plus qu'ils ne recevaient étaient très insatisfaits.

Les mêmes chercheurs ont par ailleurs mené une étude qui a permis d'établir une relation entre l'équité et la fidélité d'un conjoint. A partir des résultats obtenus, on a constaté une différence entre les couples qui se sentaient relativement égaux, quant à leurs charmes en général, et les couples où l'un des partenaires se sentait plus désirable que l'autre. Les chercheurs ont ensuite mis en correspondance ces éléments avec la volonté qui naît, chez les différents partenaires, de s'engager dans des relations sexuelles extra-conjugales. Les résultats montrent que lorsque le sentiment de l'équité affective est inégalement réparti, le conjoint qui croit posséder le plus de charme a des relations sexuelles extra-conjugales beaucoup plus rapidement après le mariage et avec plus de partenaires que les conjoints des couples où chacun considère qu'il a le même charme que son partenaire.

A travers cette expérience, les chercheurs ont voulu montrer comment l'équité peut s'appliquer à l'échange affectif, dans la mesure où elle fournit une réponse pour apprécier le sentiment de satisfaction produit dans un tel échange.

Les règles de l'équité montrent par ailleurs que les interactions sociales sont pour une grande part déterminées par des principes juridiques : les échanges se font suivant des droits reconnus à l'individu. L'usage de ces droits est régi par un système de codes dont la fonction est précisément d'assurer l'équité dans une société donnée. Un certain nombre d'études ont porté sur la relation entre l'usage d'un droit et l'équité plus ou moins grande qui lui est attribuée. Un type d'expérience (Jones et Aronson, 1973) a étudié l'impact du principe d'équité sur des sanctions à infliger.

> On a demandé à des sujets d'exprimer la peine qu'ils infligeraient à un individu dans le cas d'une agression sexuelle. Deux groupes ont été constitués : le premier a été informé que l'agresseur avait été arrêté avant l'acte sexuel proprement dit; le second, que l'agresseur avait été arrêté après avoir commis l'acte sexuel.

Le premier groupe a fixé une peine de dix ans de prison pour l'agresseur qui n'avait pas commis l'acte sexuel; le second, une peine de seize ans pour celui qui est allé jusqu'au bout. Ainsi, en cas d'agression sexuelle, celui qui a commis l'acte est jugé plus sévèrement que celui qui n'a pu le commettre, même si c'était son intention, car le groupe a estimé la situation plus injuste pour la victime.

2.3. LA VALEUR DE L'ÉQUITÉ

Un certain nombre d'études ont permis de dégager le caractère relatif et subjectif des règles de l'équité. Celui-ci a, par exemple, été analysé dans l'évaluation de récompenses par rapport à des situations où l'on attribuait à quelqu'un, de manière équitable, une rémunération plus élevée que ce qu'il méritait (Gergen, Morse et Bode, 1974).

> On a demandé à des étudiants italiens et américains d'effectuer un travail qui consistait à identifier des mots déformés par des bruits parasites. Après la présentation des tâches, on leur proposa de fixer le salaire qui leur semblait le plus équitable en fonction de la difficulté de leur travail. Les étudiants furent alors répartis en trois groupes, et le salaire pour chaque groupe fixé de façon arbitraire par un coup de dés. Le premier groupe recevait le salaire estimé juste par les étudiants, le deuxième groupe environ 30 % de plus que ce qu'il avait demandé et le troisième groupe, 80 % de plus.

Les résultats de cette expérience montrent que chaque groupe a réévalué la difficulté de la tâche, en fonction du niveau de rémunération arbitrairement décidé : plus le salaire était élevé, plus la tâche était considérée comme difficile; on a ainsi constaté une corrélation entre l'estimation d'un salaire juste et la rémunération élevée. Par ailleurs, on a observé que la performance n'a pas été plus grande dans les groupes qui avaient un salaire plus élevé. Les chercheurs en ont conclu que l'idée que l'on se fait de ce qui est juste peut changer en fonction du niveau de salaire, sans que celui-ci corresponde à un travail plus important. En d'autres termes, le simple fait de donner un salaire plus élevé entraîne une réévaluation de l'importance de ce que l'on fait, et donc de ce qui est perçu comme juste. A ce stade, l'équité apparaît comme un pattern d'interaction sociale établi par une société donnée comme norme d'échanges, afin d'ordonner les relations selon des règles qui soient prévisibles.

Le caractère subjectif de l'équité a également été mis en évidence à partir de l'étude d'interactions basées sur le principe de l'égalité (Leventhal, 1980). Cela a permis de dégager l'importance de la socialisation dans le développement de la notion d'égalité à l'intérieur des échanges. Ce facteur a notamment été analysé au cours d'une expérience de jeux de poupées avec cent enfants âgés de trois à douze ans (Cohen et Sampson, 1975).

> Les enfants avaient chacun deux poupées, et on a observé leur comportement dans deux situations expérimentales distinctes : dans l'une, ils avaient deux poupées qui avaient, leur dit-on, fait un travail d'importance inégale; dans l'autre, les deux poupées avaient fait la même quantité de travail. Il s'agissait alors pour les enfants de récompenser les poupées au vu de ces informations.

Les résultats montrent que les filles ont une tendance à récompenser de façon plus égale et cela, quel que soit leur âge, tandis que les garçons, au contraire, distribuent progressivement leurs récompenses, selon le travail fourni, et cela au fur et à mesure qu'ils grandissent.

Ces diverses expériences permettent de considérer que toute structure d'échanges met en jeu des ressources diversement réparties et des règles relatives aux normes d'un groupe. Toute interaction définit ainsi une dynamique en tension qui révèle la nature contradictoire des éléments qui la déterminent.

3. *Les facteurs de l'échange*

Les processus de l'échange sont interprétés, dans l'approche psychosociale, selon plusieurs facteurs : la valeur stratégique d'une interaction, l'impact des indices corporels et le poids des éléments culturels et symboliques.

3.1. LES STRATÉGIES DE L'ÉCHANGE

Les recherches sur l'échange ont insisté sur le fait que, dans toute situation d'interaction, se manifestait un conflit plus ou moins fort entre le désir de coopérer avec autrui et le désir de l'exploiter. Tout échange crée ainsi un dilemne fondamental, à partir duquel un certain nombre d'études ont cherché à mettre en évidence les avantages et les inconvénients soit de la coopération, soit de l'exploitation. L'individu peut adopter diverses stratégies lui permettant d'atteindre son but et d'arriver à une situation satisfaisante. On a dégagé trois grandes stratégies de l'échange : la coopération, la résistance, le renforcement.

a) D'abord, la **stratégie de la coopération**, comme l'ont démontré plusieurs études expérimentales (Rubin et Brown, 1975), aurait plutôt pour effet un comportement positif de la part des autres. D'autres études, au contraire, (Hammer et Yukl, 1977), montrent qu'une attitude de coopération suscite chez les autres un comportement d'exploitation.

b) A côté de la stratégie de coopération, il existe une **stratégie de résistance**. Dans ce cas, on adopte une position où l'on fait peu de concessions à l'autre. Les études menées sur ce point ont montré que ce type de stratégie avait pour effet de diminuer, chez les autres, la recherche exclusive de leurs avantages, ce qui s'est exprimé par un changement au niveau des aspirations personnelles (Harnett, Cummings et Hamner, 1973).

Pourtant, de telles positions comportent beaucoup d'inconvénients du point de vue de l'efficacité ultime dans un échange à long terme. C'est pourquoi des chercheurs ont mis en lumière l'efficacité de la stratégie appelée celle du « pécheur repentant ». Dans ce cas, l'échange commence par une position dure, mais ensuite on adopte une attitude beaucoup plus coopérative. C'est au moment du passage de la position dure à une attitude plus flexible qu'apparaît habituellement une coopération plus grande de la part des autres (Deutsch, 1975).

c) Enfin, la **stratégie du renforcement** définit un type d'échange basé sur le principe de « l'appariement » : on répond à la coopération par de la coopération et à l'exploitation par de l'exploitation. Selon plusieurs critiques, cette stratégie peut être efficace avec le temps, mais enferme les partenaires dans un cycle sans fin d'exploitation mutuelle.

Pour sortir de ce cercle vicieux, certains chercheurs (Tannenbaum, Osgood, 1955) ont proposé la notion de stratégie des échanges gradués. Dans la vie ordinaire, celle-ci s'apparente à la notion de stratégie des petits pas, où le changement d'une situation bloquée peut intervenir si l'un des partenaires prend l'initiative de faire un geste de coopération, si minime soit-il. Malgré les effets positifs observés dans chaque cas, aucune stratégie à elle seule n'obtient des résultats satisfaisants dans tous les cas.

C'est à la lumière de ces limites que certains chercheurs ont privilégié le concept de fermeté flexible (Pruitt et Lewis, 1965), comme la meilleure situation d'échange permettant la coopération. Dans cette orientation, on considère que pour qu'un échange réussisse, il faut que les gens maintiennent leurs objectifs de façon ferme, mais qu'ils montrent une souplesse pour y arriver. Cela indique, en outre, que les stratégies ne sont pas seules en cause; certaines expériences ont montré, par exemple, que les gens cherchent à s'exploiter lorsqu'ils n'ont pas la possibilité de communiquer entre eux. L'élévation du degré de communication s'accompagne directement d'une augmentation de leurs attitudes coopératives (Kimmel, 1980).

Le concept de stratégie dans les relations montre que c'est le choix adapté, et donc l'adéquation entre différents facteurs d'un échange, qui permet de le vivre d'une manière plus ou moins harmonieuse.

3.2. L'EXPRESSION CORPORELLE

Plusieurs auteurs ont cherché à établir une typologie des interactions en y incluant, d'une part, les éléments de « mise en scène » (Goffman, 1973), où la présentation de soi joue le rôle d'un appareillage symbolique et, d'autre part, les indices corporels. Des études expérimentales ont analysé des indices corporels dans des situations d'interaction où le partenaire était tantôt de statut supérieur, tantôt de statut inférieur. Les résultats ont permis de constater une expression corporelle plus flexible, et donc moins retenue, chez des individus qui se trouvaient avec quelqu'un de statut inférieur au leur (Mehrabian, 1972).

La posture doit donc être intégrée à une interprétation d'ensemble des éléments corporels qui apparaissent au cours d'une relation. Ils doivent être corrélés avec d'autres expressions comme le toucher ou le regard, par exemple.

> On a ainsi étudié le rôle du regard au cours d'une conversation. Un compère avait pour tâche d'adopter des expressions visuelles différentes

(regard vague dans le premier cas; regard fixe sur la personne, uniquement lorsqu'elle parle, dans le deuxième cas; regard fixe en continu sur la personne dans le dernier cas (Argyle, Lefebvre et Cook, 1974).

Il ressort de cette expérience que le compère était perçu comme dominant lorsqu'il fixait ses yeux continuellement sur le partenaire; modéré lorsque ses regards ne se posaient sur lui que par intermittence; enfin, en position de minorité ou d'infériorité, lorsque son regard était vague. La situation la plus satisfaisante pour les sujets était celle où le compère fixait son regard d'une façon périodique sur eux.

Les expériences basées sur l'étude des expressions corporelles ont permis de montrer leurs fonctions stratégiques dans les échanges. Elles ont par ailleurs été utilisées pour dégager des patterns d'échanges, qui peuvent être considérés de manière plus généralisée comme les messages d'une interaction. Si ces approches ont le mérite de mettre en évidence des indices, ceux-ci peuvent être l'objet d'interprétations variées parce qu'ils sont, dans leur nature même, ambigus. Ils ne peuvent donc être isolés des autres facteurs qui interviennent au cours d'un échange.

3.3. LA FONCTION SYMBOLIQUE

Les études de l'interaction effectuées dans une perspective interculturelle font apparaître les différences qui peuvent exister, d'un groupe ou d'une société à une autre, dans la manière de vivre les échanges. La théorie de l'interaction symbolique (Mead, 1956) a pris en compte l'importance du système de symboles collectifs en œuvre dans les échanges sociaux. C'est l'interprétation des symboles qui permet de comprendre la signification des actes sociaux. En effet, dans cette approche, l'interaction est saisie à travers l'image des acteurs qui communiquent selon des rôles qu'ils créent : c'est donc à travers ces actions réciproques de rôles que les individus arrivent à échanger et à construire la réalité sociale.

4. Analyse critique

Les théories de l'échange social s'inspirent d'une vision économique de la relation et se situent à un niveau essentiellement interpersonnel. Elles cherchent à traiter l'information dans les échanges, selon les principes économiques des ressources. Elles tentent, en outre, d'intégrer le fonctionnement des interactions dans une explication basée sur la rationalité. Celle-ci est considérée comme un élément fondamental qui sous-tend les échanges. Dans ces conditions, ils sont analysés essentiellement comme des processus d'accommodation qui permettent une régulation interpersonnelle satisfaisante.

La limite de telles approches réside tout d'abord dans le fait que les interactions ne sont jamais entièrement rationnelles : comme les autres situations sociales, elles sont ambiguës, car les individus n'ont à leur disposition que des informations parcellaires et déformées. Ensuite, tous les échanges sociaux sont déterminés par le statut social des individus en présence, ainsi que la manière de le percevoir. Certaines approches ont insisté sur l'importance des normes culturelles qui imprègnent les relations et orientent les conduites, en imposant des règles jugées acceptables, tolérables ou à rejeter.

Si des critères peuvent être dégagés pour cerner la nature des échanges, ceux-ci sont rarement liés à une cause unique et nécessitent une interprétation qui les intègre dans un ensemble de significations résultant, pour chaque situation, du poids relatif des facteurs psychosociaux évoqués.

LECTURES CONSEILLÉES

Ouvrages anglais

GERGEN K.J., GERGEN M.M., (1981) : *Social Psychology*. New York, Harcourt Brace Jovanovich Inc.

GOTTMAN T.M., (1979) : *Experimental investigation of marital interaction*. New-York, Academic Press.

LEVINGER G., SNOEK J.D., (1972) : *Attraction in relationships. A new look at interpersonal attraction*. Morristown, N.J. General Learning Press.

RANDS M., LEVINGER G., (1979) : « Implicit theories of relationship. An intergenerational study ». In :*Journal of Personality and Social Psychology*, 37, 645-661.

Ouvrages français

BREHM S.S., (1984) : « Les relations intimes ». In : *Psychologie sociale*, de S. Moscovici. Paris, P.U.F., 169-191.

DOISE W., (1973) : « Relations et représentations intergroupes ». In : *Introduction à la psychologie sociale* de S. Moscovici (tome 2). Paris, Larousse, 194-211.

GIRARD A., (1974) : *Le choix du conjoint*. Paris, P.U.F.

GOFFMAN E., (1973) : *La mise en scène de la vie quotidienne*. (2 tomes). Paris, éditions de Minuit.

HALL E.T., (1971) : *La dimension cachée*. Paris, Seuil.

3. L'influence sociale

L'influence est un des mécanismes fondamentaux dont se préoccupe la psychologie sociale. En effet, toutes les études qui tentent de saisir ce processus font partie du noyau dur de cette discipline et, d'une certaine manière, tous les autres aspects en découlent. La réalité de l'influence sociale se retrouve tout au long des analyses et de la démarche psychosociale mais, selon les approches, on lui accorde une place plus ou moins importante, car la compréhension de ce phénomène dépend elle-même de la connaissance que la psychologie sociale en a.

Le terme désigne de manière très large le fait que l'action d'une personne devient une prescription pour l'orientation de la conduite d'une autre personne. On peut donc dire que l'influence sociale recouvre tout ce qui produit un changement de la conduite en vertu de pressions dominantes dans un contexte donné. Ajoutons tout de suite que l'existence même de l'influence sociale ne nous renseigne pas directement sur la façon dont les individus la gèrent, la traitent, l'incorporent.

Ce chapitre aura donc pour but de décrire les principaux mécanismes qui montrent la force des pressions de l'influence sociale et d'expliquer les effets les plus significatifs de ces mécanismes. Les points suivants seront successivement abordés : les processus de l'influence sociale, les formes de l'influence sociale, les conséquences de l'influence sociale.

A. LES PROCESSUS DE L'INFLUENCE SOCIALE

L'étude des phénomènes sociaux se caractérise d'emblée par la tendance des systèmes à l'intégration et par la capacité des individus à incorporer les éléments dominants dans une culture. Cela va nous permettre de dégager divers types de processus qui peuvent être diffus ou bien découler plus directement de contraintes explicites.

1. Les modèles d'influence latente

Au début du siècle, on a considéré l'influence à partir de la tendance des individus à imiter les autres; l'imitation était définie comme une caractéristique sociale, résultant d'une sorte d'attraction invisible vers les autres, mais perçue comme un trait de la nature humaine. Aujourd'hui, les psychologues sociaux considèrent que la tendance à l'uniformisation dans la société ne résulte pas de l'instinct : elle trouve son explication dans un ensemble de pressions invisibles et cachées qui ont été caractérisées de plusieurs manières : imitation et contagion sociale, comparaison sociale.

1.1. L'IMITATION ET LA CONTAGION SOCIALE

Pour Tarde (1903), l'imitation est le processus fondamental de la réalité sociale. Elle a un caractère dynamique et sélectif et ne peut être définie seulement comme le décalque d'une autre conduite : elle n'est pas une simple copie, mais une production originale. L'imitation développe ainsi des patterns de comportements qui permettent d'agir de façon efficace et satisfaisante.

Le concept de contagion sociale trouve son origine chez Le Bon, qui a expliqué le comportement des hommes en foule par cette notion. Elle traduit l'idée que les émotions et les opinions se communiquent et, par là, se multiplient et se renforcent; autrement dit, à l'intérieur des systèmes sociaux, il existe une circulation des sentiments entre les individus. Cela montre que les phénomènes sociaux ne s'expliquent pas seulement par la contrainte, mais aussi par le pouvoir qu'ont certaines valeurs ou opinions de rallier à elles les individus. La contagion sociale définit ainsi la tendance à imiter un modèle dominant de comportement qui se propage d'une personne à une autre.

L'étude de Kerckhoff et Back (1968) a permis d'illustrer ce phénomène. Ces chercheurs sont partis d'un fait divers publié par la presse et qui faisait état d'un certain nombre de troubles physiques chez les travailleurs d'une filature du Sud des Etats-Unis.

> Onze personnes souffraient de fortes nausées et avaient été admises à l'hôpital, mais le nombre d'employés atteints augmenta rapidement, atteignant plus de soixante, et l'usine fut fermée, alors qu'on se trouvait en pleine période de production. Une enquête fut ouverte, après que l'on eut signalé la présence d'un insecte porteur de maladies dans un envoi de fibres livrées à la filature. L'enquête n'aboutit à aucun résultat, et l'examen médical des patients ne permit pas de déceler de causes biologiques à leurs symptômes.

Les chercheurs, surpris par ces résultats, avancèrent l'hypothèse de la contagion mentale pour trouver un fondement social à l'épidémie. A partir d'une étude sociométrique à l'intérieur de l'usine, ils ont découvert que l'épidémie se propageait de manière extrêmement importante en partant des travailleurs les plus appréciés et les plus populaires de l'usine et que, en revanche, les travailleurs isolés socialement ou rejetés par le groupe n'étaient quasiment pas atteints. En outre, l'épidémie se propageait plus volontiers entre amis à l'intérieur d'un groupe.

A partir de ces observations, l'étude a permis de conclure que les individus qui ont des relations positives entre eux ont tendance à modeler leurs comportements les uns sur les autres, car ils cherchent à se ressembler. Il existe donc, à une manifestation d'ordre biologique, un facteur explicatif « social », qui repose sur le fait qu'un individu accepte un modèle implicite suivant lequel il est souhaitable, dans certaines situations, d'être comme les autres et d'agir, en conséquence, en adoptant le même comportement qu'eux.

1.2. LA COMPARAISON SOCIALE

Comme nous venons de le voir, certaines formes de comportements qui se moulent sur ceux des autres ne peuvent s'expliquer facilement, ni par les causes biologiques qui les sous-tendent, ni même par des règles sociales explicites.

La notion de comparaison sociale (Festinger, 1954) apporte un éclairage à ce problème. Selon ce chercheur, les gens ne sont pas toujours sûrs de leurs opinions, ni de leurs actions et, dans ce cas, ils sont enclins à rechercher auprès des autres si leurs opinions sont exactes, c'est-à-dire acceptées dans le groupe où ils se trouvent.

Une telle incertitude et impulsion orientent leurs comportements vers les autres, afin d'obtenir, à travers la comparaison de leurs attitudes, une estimation et une harmonisation de leurs conduites. Les individus s'engagent ainsi dans un processus de comparaison sociale, chaque fois qu'ils éprouvent le besoin d'évaluer leur conduite et de l'ajuster aux normes ambiantes.

C'est Sherif (1935) qui reste l'auteur d'une des expériences les plus révélatrices par rapport à ce phénomène de comparaison sociale et, de façon plus large, par rapport au problème de la formation des normes. La question était de savoir ce que ferait un individu placé dans une situation ambiguë, où les modes de comportements habituels ne sont plus adaptés. En d'autres termes, dans une situation ambiguë, un individu fournira-t-il un « salmigondis de jugement extravagant » ou bien établira-t-il un point de référence qui lui soit propre.

Afin de créer cette situation ambiguë, Sherif eut recours à une expérience d'illusion optique appelée « effet autocinétique » : présenté à une certaine distance dans l'obscurité, un point lumineux immobile donne l'impression de se déplacer, du fait qu'il n'y a point de référence par rapport auquel le situer. Pour Sherif, le processus de comparaison sociale peut se révéler de façon particulièrement significative dans une telle situation, étant donné que l'observateur ne dispose d'aucun repère objectif pour apprécier le mouvement apparent de la lumière.

L'expérience se déroule de la manière suivante : le sujet est introduit dans une pièce obscure et placé à cinq mètres de la source lumineuse. Sherif lui demande d'évaluer le mouvement de la lumière de façon aussi exacte et indépendante que possible. Après avoir pris les sujets individuellement, il les rassemble en petits groupes et leur propose la même tâche.

Les résultats indiquent qu'au départ les réponses sont assez différentes les unes des autres, puis que, progressivement, cette variabilité diminue : le sujet tend à situer ses estimations à l'intérieur d'une « fourchette » personnelle. Autrement dit, lorsqu'un individu perçoit des mouvements sans aucune base de comparaison, il établit un écart de variation et, à l'intérieur de cet écart, un point de référence qui lui est propre. Ce point et cet écart peuvent différer de ceux déterminés par d'autres individus. En revanche, dans le cas d'un groupe de deux ou trois personnes, on constate que, rapidement, les estimations convergent vers une norme commune.

S'appuyant sur ces résultats, G. de Montmollin (1966) a voulu vérifier si les appréciations de chaque individu se rapprochaient de la tendance centrale de la distribution des réponses dans son groupe.

L'expérience était un peu différente : pendant quatre secondes, on présenta à cinq sujets un carton sur lequel était collées quatre-vingts pastilles de couleurs : chacun devait donner par écrit une estimation du nombre de pastilles. Après une série de passations individuelles, on leur communiqua les réponses des quatre autres personnes, puis on reprit l'expérience, afin de vérifier si les réponses se modifiaient en se rapprochant d'une tendance centrale (existence d'une convergence).

L'analyse des résultats montra que ce principe de convergence était surtout vrai pour les groupes où la dispersion des résultats était au départ assez faible. A l'inverse, pour les groupes à forte dispersion, les individus ne tenaient pas compte de tous les résultats : ils négligaient les jugements les plus éloignés des leurs et ne se rapprochaient que de la tendance centrale des jugements les plus proches des leurs. En d'autres termes, lorsque la dispersion est forte, les sujets écartent les estimations situées en dehors d'une certaine marge de vraisemblance.

Ces expériences ont l'intérêt de souligner combien les gens forment leur propre jugement à partir de celui qu'ils croient découvrir chez les autres. Ainsi, nos jugements reposent souvent sur une comparaison avec ceux d'autres personnes, mais cela n'implique pas que nous ne soyons influencés que par les opinions des autres : les sujets qui se sont constitué un jugement personnel sûr peuvent être plus ouverts à d'autres opinions que les leurs que ceux qui ne sont pas certains de leurs propres idées. Cela met en évidence, de surcroît, le fait que les mécanismes sociaux ont tendance à exclure le doute des comportements, en imposant les certitudes résultant des normes sociales.

2. *La production des normes*

Par l'analyse des normes, nous abordons l'univers des règles — règles invisibles ou règles formelles — qui s'imposent à l'individu, qui régissent ses modalités de relation et qui, dans une certaine mesure, sont capables de neutraliser ses orientations affectives spontanées.

2.1. DÉFINITION

Une norme peut être définie comme *une règle explicite ou implicite, qui impose de façon plus ou moins prégnante un mode organisé de conduite sociale; elle se présente comme un ensemble de valeurs largement dominant et suivi dans une société donnée; elle sollicite une adhésion et implique des sanctions dans un champ d'interactions complexes.*

Cette définition insiste d'abord sur le fait que la norme se confond en quelque sorte avec les cadres généraux de la vie sociale; elle se caractérise comme un jugement qui désigne les valeurs auxquelles il se réfère. Certaines normes sont par ailleurs spécifiques à un groupe et non pas valables pour tous; par exemple, les normes de rôles qui prescrivent les conduites découlant de la position d'un individu dans un système donné. Enfin, en tant que jugement de valeurs, la norme est un impératif dont la non-observance entraîne des sanctions diffuses ou clairement énoncées.

Qu'elle soit implicite ou explicite, on constatera que l'effet d'une norme est d'engendrer une certaine uniformité. Son rôle serait ainsi de créer un monde tout à fait stable, où les comportements seraient parfaitement identifiables. Mais les normes rencontrent des êtres humains qui ne s'y plient pas selon toute la précision voulue; bien plus, elles-mêmes évoluent : certaines tombent en désuétude, certaines ne sont plus partagées par la majorité et, dans ce cas, apparaissent comme arbitraires.

2.2. RÉSULTATS EXPÉRIMENTAUX

Les travaux de McNeil et Sherif (1976) sur l'évolution des normes arbitraires ont permis de dégager un certain nombre d'éléments.

> Au cours de leur expérience, qui comporte un sujet naïf et trois compères, ceux-ci donnent toujours des réponses conformes aux instructions de l'expérimentateur, induisant ainsi une norme arbitraire. Par le retrait graduel des compères, il est possible de voir comment cette norme évolue.

Au départ, ils réussissent à l'imposer, mais ensuite, avec leur retrait, le respect de la norme diminue, pour se rapprocher des valeurs habituellement trouvées en l'absence d'influences truquées. Cette diminution est progressive, ce qui indique qu'il y a eu intériorisation de la norme chez les individus qui n'en ont pas perçu le caractère arbitraire. On constate enfin qu'une norme modérément arbitraire est plus stable que celle qui l'est davantage; on peut alors supposer que, toutes choses étant égales par ailleurs, une norme arbitraire apparaît comme instable.

D'autres études expérimentales ont porté leur attention sur la production des normes de groupe. Lemaine, Desportes et Louarn

(1969), dans une expérience proposée aux élèves d'une école normale, ont montré que la création d'une norme de groupe était un processus complexe où l'uniformisation n'était pas produite de façon linéaire et unilatérale. Ainsi, les sujets qui se choisissaient mutuellement convergeaient davantage vers une norme commune que ceux qui se rejetaient; les sujets inférieurs dans la hiérarchie du groupe faisaient davantage de concessions pour se rallier à la norme que les sujets de rang élevé.

2.3. FONCTIONS DES NORMES

A partir de ces travaux, on peut dégager quelques fonctions essentielles assurées par les normes. Les expériences ont montré que la convergence des estimations se produit surtout lorsque les sujets ont à juger un élément objectif qui implique une réponse exacte, identique pour tous. Il n'en est pas de même lorsqu'ils doivent fournir une réponse approximative.

a) Une première fonction de la norme serait donc la **réduction de l'ambiguïté**. En effet, devant l'impossibilité, dans un certain nombre de cas, d'apporter des réponses certaines, il se crée une insécurité découlant de cette situation. Par la constitution d'une norme, l'inquiétude-incertitude liée à la réponse approximative est réduite : la réalité physique ambiguë, difficile à cerner, faute d'un moyen de mesure, est remplacée par une réalité sociale non ambiguë. Ainsi, l'une des fonctions de la norme est-elle de consolider les positions des individus par un système de réassurance qui leur permet de mieux maîtriser la réalité.

b) Une autre fonction de la norme est l'**évitement du conflit**. Moscovici (1972) suggère d'interpréter en ce sens les processus de normalisation. Il considère que la variété des jugements individuels, tels qu'ils s'expriment, par exemple, dans l'expérience de Sherif, par l'établissement de normes personnelles, empêche la conclusion d'un accord. Le fait que différents types de réponses se présentent et entrent pour une part en compétition, crée des tensions et comporte des risques de conflits. L'apparition d'une norme de groupe résulte justement de ce que les sujets acceptent et intériorisent des estimations convergentes, afin d'écarter le conflit. Selon Moscovici, celui-ci est évité par un jeu de négociations des estimations respectives, qui aboutissent à ces concessions réciproques.

c) La normalisation s'opère comme un **processus de négociation**. Dans cette perspective, elle équivaut à « un mécanisme de négociations actives conduisant à l'acceptation du plus petit dénominateur commun ». On peut donc considérer que ce processus se réalise d'autant plus facilement que l'idée de concessions réciproques ne met pas réellement en cause de véritables enjeux. La normalisation s'opère d'autant plus que, d'une certaine façon, elle n'en vaut pas la peine.

2.4. LIMITES DES APPROCHES EXPÉRIMENTALES

Le processus de production des normes est induit par la nature des groupes dans les expériences : ils sont construits artificiellement, et cela n'est pas sans importance dans l'appréciation des résultats. Moscovici remarque à ce propos que les individus ne sont pas concernés par leurs tâches. C'est la raison pour laquelle, selon lui, la négociation est possible, puisque aucune position particulière n'est privilégiée.

Mais cet argument peut être retourné car, en l'absence d'enjeu, on peut considérer qu'il n'y a pas de risques de conflit, à cause de la diversité même des positions. Dans ces conditions, il n'y a pas lieu d'envisager des négociations; les individus pourraient s'en tenir au constat de leurs divergences et maintenir leurs réponses individuelles. S'il existe pourtant cette tendance à la négociation, elle pourrait s'expliquer par l'implication des individus vis-à-vis de l'expérimentateur : le sujet veut donner une bonne image de lui-même et fournir la meilleure prestation possible. Or, l'ambiguïté du stimulus ne lui permet pas d'être sûr de sa propre réponse; c'est pourquoi il recherche la référence solide qui se trouve à sa disposition, à savoir le groupe. Dans ce cas, la constitution de normes de groupe serait le résultat d'une recherche des sujets, quant à leur propre engagement positif dans l'expérience.

En définitive, le processus de normalisation constitue un facteur qui permet de comprendre l'uniformité répandue dans la société : dans toutes les situations, les individus repèrent rapidement les règles qui régissent les comportements, et ils les assimilent pour faciliter les relations sociales.

Nous analyserons ce phénomène à partir des orientations qui ont postulé le besoin, chez l'homme, de certitude et de cohérence par rapport à ses jugements, dans un monde qui exerce sur lui des pressions variées. Une de ces pressions réside dans la dissonance d'éléments cognitifs qui lui sont adressés et qui constituent donc des pressions en vue de modifier son attitude.

3. *Influence sociale et dissonance cognitive*

L'influence sociale a également été étudiée comme facteur de changement des individus et de leurs attitudes. Les individus agissent à partir de ce qu'ils croient et de ce qu'ils éprouvent, vis-à-vis des autres, vis-à-vis d'eux-mêmes. En étudiant la manière dont ils pensent leur action et celle des autres, nous observons une motivation fondamentale qui est la recherche de cohérence entre les différents éléments : pensée, croyance et sentiments par rapport au monde environnant.

Ce besoin de cohérence explique notre tendance à organiser, de la façon la plus optimale pour nous, à la fois nos opinions et notre manière de comprendre le monde, et de nous comporter en conséquence. L'influence sociale sera abordée ici à partir du besoin de cohérence cognitive et de la façon dont celui-ci joue comme facteur d'influence vers le changement des attitudes.

3.1. LA THÉORIE DE LA DISSONANCE COGNITIVE

Festinger (1957) a tenté de rendre compte de ce phénomène à partir de sa théorie de la dissonance cognitive. Selon lui, les notions essentielles de cette théorie sont extrêmement simples : « L'existence simultanée d'éléments de connaissance qui, d'une manière ou d'une autre, ne s'accordent pas (dissonance), entraîne de la part de l'individu un effort pour les faire, d'une façon ou d'une autre, mieux s'accorder (réduction de la dissonance). »

Autrement dit, la dissonance cognitive, c'est un état de tension intérieure résultant d'une coexistence discordante entre des idées ou des opinions acquises antérieurement et un ou des faits nouveaux. Festinger a étudié plusieurs cas : la dissonance comme conséquence de décisions prises; celle introduite par un fait accompli; la dissonance résultant de l'effort; celle émanant de la tentation. Dans ce dernier cas, la théorie de la dissonance permet de prédire qu'un individu, après avoir accompli un acte immoral, aura vis-à-vis de cet acte une attitude plus indulgence qu'auparavant.

La théorie de la dissonance a surtout l'intérêt de montrer comment les individus sont portés à réduire l'état perturbateur ainsi engendré. La réduction de la dissonance est un mécanisme qui diminue la tension intérieure créée par l'existence simultanée d'éléments de connaissance discordants. En effet, il existe des variations dans l'intensité de cette dissonance, et l'on peut établir une corrélation entre la grandeur de la dissonance et l'importance des cognitions à son sujet; d'où il résulte que plus la dissonance est élevée, plus est grande la motivation à la réduire.

Les individus peuvent réduire cet état perturbateur de plusieurs manières.

— D'abord en modifiant la cognition proprement dite, c'est-à-dire en changeant d'idée à propos de la situation nouvelle. Par exemple, j'affiche des idées non racistes, et je réprouve la décision de ma fille qui sort avec un ami noir.

— La dissonance peut ensuite être réduite par un système d'évitement. Ce mécanisme a pour fonction de réaliser l'intégration des éléments extérieurs, mais sur la base d'un système protecteur qui préserve le Moi. Par exemple, dans une campagne d'information, nous trouvons des personnes qui, se sentant exposées et contraintes de recevoir des informations « désagréables », déplaisantes et peu en accord avec leurs opinions préalables, les interprètent en fonction de leurs attitudes antérieures.

— Enfin, en sélectionnant les informations qui leur conviennent, les individus peuvent réduire la dissonance par un changement de comportement face à la nouvelle situation. Dans ce cas, on perçoit le lien existant entre la recherche d'une consonance cognitive et le changement des attitudes : la réduction de la différence est alors équivalente à un changement d'attitudes, qui s'effectuera par l'intégration de nouvelles données de la manière la plus économique possible. Ce changement est à concevoir comme une réorganisation d'ensemble, c'est-à-dire une redistribution des valeurs qui amène l'individu à un nouveau stade de consonance.

3.2. DISSONANCE ET CHANGEMENT D'ATTITUDES

Deux études permettent de mettre en lumière ce rapport entre réduction de la dissonance et changement d'attitude.

Dans le cadre d'une expérience, Culbertson (1957) a proposé à des Blancs qui avaient des préjugés contre les Noirs, soit de jouer le rôle

> d'un Noir déménageant dans un quartier entièrement blanc, soit de regarder les autres jouer ce rôle.

Les résultats ont montré que ceux qui avaient accepté de jouer le rôle d'un noir, avaient davantage réduit leurs préjugés que ceux qui n'avaient été que spectateurs. Des investigations complémentaires ont permis de révéler que les changements sont d'autant plus importants que l'implication dans le jeu de rôles a été grande. Les implications ont été interprétées de la façon suivante : le fait de se mettre dans la peau de quelqu'un que l'on a tendance à déconsidérer, crée plus de dissonance que celui de faire une simple déclaration en faveur des Noirs. Donc, plus la dissonance est grande et plus le changement d'attitude est grand lui aussi.

Une autre étude a été réalisée dans le même sens par Zimbardo et Ebbeson (1969).

> On a demandé à des individus de faire un exposé sur un sujet en désaccord avec leur opinion personnelle. Ils pouvaient suivre simultanément leur discours, qui leur était retransmis dans des écouteurs; leurs voix étaient décalées d'une fraction de seconde pour rendre la tâche particulièrement difficile. Un autre groupe d'individus avait à accomplir la même tâche, mais sans être soumis à la rétroaction auditive différée de leur discours.

Les résultats ont fait apparaître que les individus du deuxième groupe, ayant présenté un thème en désaccord avec leurs opinions, mais sans être perturbés dans leur présentation, ont manifesté peu de conviction par rapport aux propos énoncés. A l'inverse, ceux du premier groupe, soumis à une écoute quasi instantanée de leurs propos, ont été beaucoup plus perturbés et se sont, en conséquence, montrés deux fois plus convaincus par la présentation qu'ils ont faite.

A partir de ces expériences, on peut conclure que le sentiment de dissonance entraîne un changement des attitudes personnelles, lorsque les individus adoptent publiquement un rôle en contradiction avec elles. La théorie de Festinger suggère que lorsqu'un individu se trouve pris entre deux ou plusieurs éléments discordants, il va essayer de réduire cet inconfort en modifiant son attitude personnelle en direction du comportement généralement admis. Au contraire, dans le cas où les gens sont obligés d'adopter une attitude contraire à leurs expériences antérieures, plus il y a de pressions, moins il y a production de dissonance.

Festinger et Carlsmith (1959) ont examiné le cas où des personnes étaient sollicitées pour s'engager dans une action désagréable parce qu'elles étaient récompensées. Ils ont émis l'hypothèse que, suffisamment payées pour dire un mensonge, elles n'éprouveraient pas de dissonance, car elles estimeraient avoir été obligées d'accepter une supercherie en raison de l'importance de la récompense. Ils ont formulé, par ailleurs, une autre hypothèse selon laquelle les individus considéreraient qu'ils ne pourraient pas justifier leur comportement, si on ne leur remettait qu'une faible somme pour le même mensonge : dans ce cas, ils pourraient plus facilement faire face à la dissonance, en acceptant plus facilement le mensonge. A partir de ces hypothèses, l'expérience a été menée de la manière suivante.

> On donna à un groupe d'étudiants vingt dollars, afin qu'ils informent leurs camarades de classe du très grand intérêt d'une de leurs activités, qui était en fait très peu motivante. Un autre groupe d'étudiants ne reçut qu'un dollar, pour donner la même information mensongère.

Les résultats ont prouvé que les étudiants moins bien payés étaient davantage convaincus par le fait que la tâche pouvait être intéressante, alors que les étudiants mieux payés l'étaient deux fois moins.

Ces diverses expériences permettent de saisir la dissonance cognitive comme un processus producteur d'un changement d'attitudes. Dans cette perspective, la réduction de la dissonance opère comme un système d'influence cognitive.

B. LES FORMES DE L'INFLUENCE SOCIALE

Deux formes essentielles d'influence sociale seront abordées ici : la conformité et l'obéissance. Il s'agit de situations dans lesquelles intervient une modification du comportement qui résulte de pressions spécifiques. C'est la nature de ces pressions qu'il convient d'examiner dans les deux cas.

1. La conformité

La *conformité* peut être définie comme *la modification d'un comportement par laquelle l'individu répond aux pressions d'un groupe, en cherchant à se mettre en accord par l'adoption des normes qui lui sont proposées ou imposées.* Dans la conformité, nous trouvons trois éléments distincts : l'existence de tensions entre les positions antérieures d'un individu et les pressions auxquelles il est plus ou moins fortement soumis; l'adhésion qui s'opère chez l'individu à ce qui lui est proposé; enfin, le résultat de cette modification, qui comporte à la fois une part de négation de certains aspects du comportement antérieur et une part d'affirmation de soi par l'adoption de comportements nouveaux.

1.1. LES PREMIÈRES RECHERCHES SUR LA CONFORMITÉ

Le processus de la conformité a été connu notamment par les travaux de Asch (1951). A partir d'une expérience sur la perception visuelle, il a cherché à étudier l'indépendance du jugement de l'individu face aux pressions sociales.

> L'expérience consistait à présenter au sujet une feuille sur laquelle se trouvait une ligne noire d'une longueur donnée et à lui demander de comparer cette ligne à trois autres, dessinées sur une autre feuille. Les estimations étaient faciles puisque, normalement, plus de 90 % des sujets repéraient, sur la deuxième feuille, la ligne de la même longueur. En réalité, dans cette expérience, Asch avait créé une situation de pression sociale par la présence de compères : tous les sujets du groupe, à l'exception d'un seul, étaient de connivence avec l'expérimentateur et avaient secrètement pour consigne de choisir, à certaines étapes de l'expérience et jusqu'à un certain pourcentage, une réponse fausse. La question était de savoir ce que ferait le sujet naïf : suivrait-il sa perception ou rejoindrait-il la réponse du groupe ? Le sujet naïf, véritable objet de l'expérience, était placé de façon à pouvoir entendre les réponses des autres membres du groupe avant de donner la sienne. Il était pris entre deux forces contraires : sa propre perception d'un phénomène sans ambiguïté et l'unanimité de la réponse des autres.

Il ressort des résultats que le quart seulement des sujets réussit à résister aux pressions. Un tiers se range à l'avis du groupe, plutôt que d'exprimer son jugement personnel, à partir de sa propre perception. L'effet, pour être significatif n'en est pas pour autant absolu, puisque 68 % des réponses restent correctes, en dépit de la pression du groupe. Enfin, il est à observer qu'à la fin de l'expérience, lorsque l'on expliqua aux sujets naïfs leur comportement, ils sous-estimèrent pour une large part l'influence exercée par le groupe sur celui-ci, considérant que la pression sociale était un facteur secondaire pour eux.

Selon Zajonc (1966), qui a commenté ces résultats, cette expérience constitue une source de stupéfaction et peut-être d'inquiétude, puisque nombre d'adultes dont la vue est correcte affirment qu'une ligne de trois pouces, en mesure dix, simplement parce que huit autres l'ont dit auparavant. Asch procéda ultérieurement à diverses variantes de cette expérience; elles permirent de conclure que la conformité est produite par la situation d'isolement du sujet. Si l'on rompt cet isolement, on produit une baisse du taux de conformité.

1.2. LES THÉORIES DE LA CONFORMITÉ

A la suite des travaux de Asch, un certain nombre de recherches ont tenté de répondre à la question : pourquoi les gens se conforment-ils ? On peut dégager deux orientations essentielles, selon que la *conformité* est analysée comme une *caractéristique individuelle* ou d'après *son expression* au sein d'un groupe.

a) **D'un point de vue individuel**, pour étudier la conformité, plusieurs auteurs ont tenté de découvrir certaines de ses caractéristiques chez des personnes prédisposées, par leur caractère, à se conformer à un groupe. Ainsi, Crutchfield (1955) a comparé la conformité chez les hommes d'affaires et chez les militaires. Il en résulte, selon lui, que les conformistes étaient moins intelligents, avaient un complexe d'infériorité plus important que les autres. Crutchfield conclut que, d'une manière générale, les conformistes étaient moins habiles à accepter leurs propres impulsions ainsi que l'ambiguïté; qu'ils étaient moins enclins à prendre des responsabilités, moins perspicaces, moins spontanés et producteurs de peu d'originalité; qu'ils avaient des attitudes plus autoritaires et, aussi, plus de préjugés.

La position de Crutchfield, qui définit le conformiste comme un individu inintelligent et inadapté, pose plusieurs questions : tout d'abord, les informations sur la personnalité d'un conformiste ne confirment pas celles concernant un individu inadapté, en général; par ailleurs, un individu conformiste ne l'est pas d'une manière absolue, son comportement dépendra de la situation qui se présentera à lui; enfin, dans cette approche, on réduit la conformité à des traits individuels ne rendant pas compte du processus social qui la détermine.

b) **Du point de vue du groupe**, Asch (1952), Deutsch et Gérard (1955) ont défini la conformité en montrant que les individus se servaient d'informations provenant du comportement et des croyances d'un groupe pour déterminer leurs propres attitudes.

Il existe ainsi deux types d'informations qui interviennent dans le processus de la conformité : celles qui proviennent d'expériences personnelles et celles qui proviennent du groupe. Selon ces auteurs, la dernière catégorie est très importante, car le groupe a si souvent raison que l'individu en vient toujours à être dépendant quant aux informations qui y circulent. En outre, le groupe, qui est considéré comme un lieu de production d'informations sociales, possède une sorte de pouvoir pour forcer l'individu à se conformer à ses normes.

Ce pouvoir est précisément défini comme pression sociale, puisque l'individu ayant peur d'être rejeté par le groupe, en raison d'un comportement ou d'idées différentes, se sent en quelque sorte opprimé et donc obligé de se conformer. L'idée d'oppression peut être autant psychique que physique; elle résulte, en outre, de ce qu'un individu peut être persuadé de son rejet s'il dévie du groupe et, de fait nous le savons, les groupes rejettent effectivement les déviants.

Il existe donc deux sortes de pressions vers la conformité en provenance du groupe : celle qui s'exerce quant à la recherche de la réalité et celle, normative, qui s'exerce sur le comportement et les pensées des individus. Ces deux formes de pressions peuvent être rapprochées des deux types de comportements qu'un individu peut adopter : soit il accepte la pression du groupe en adoptant ses idées, soit il subit la pression, mais en gardant des idées différentes.

1.3. LES DÉTERMINANTS DE LA CONFORMITÉ

Les recherches sur la conformité permettent de dégager trois types de facteurs qui influencent ce processus : les caractéristiques de l'individu, les caractéristiques du groupe, la situation spécifique. Ces trois facteurs s'interpénètrent étroitement, mais prennent une valeur plus ou moins grande suivant les cas.

a) Sur le plan des caractéristiques individuelles, deux facteurs ont retenu une attention particulière : la nationalité et le sexe. Ils s'intègrent dans une compréhension plus large de l'expérience de socialisation, qui montre que la conformité joue d'une façon distincte et spécifique dans ces deux cas. Mais, de manière plus générale, on a cherché ce qui, au niveau individuel, pouvait jouer en direction de la conformité. Ainsi, des recherches (Worchel, Cooper, 1976) ont établi que plus un individu se sent compétent pour accomplir une tâche, moins il aura le désir de se conformer au groupe. En effet, celui qui est peu sûr de ses capacités aura plus tendance à se tourner vers le groupe pour obtenir de lui de plus amples informations, et il sera lié à celles qui lui sont proposées. A l'inverse, celui qui croit avoir des facilités recherchera beaucoup moins l'aide d'un groupe.

Par ailleurs, Worchel et Cooper ont montré que les femmes ont tendance à se conformer plus facilement que les hommes. L'explication donnée est que l'indépendance plus grande des hommes par rapport aux normes résulte d'un traitement de la différence sociale qui valorise une telle attitude chez eux, plutôt que chez les femmes.

b) Il existe, **quant aux caractéristiques du groupe**, plusieurs types de recherches dont nous présentons les principaux résultats.

Asch (1951) a étudié l'influence de la *taille du groupe* sur la variation du niveau de conformité. Il a observé que la conformité augmentait suivant la taille du groupe, jusqu'à ce que celui-ci se compose de quatre personnes; au-delà, le poids de la conformité diminue. Pour interpréter ce phénomène, il considère que l'individu, confronté à une pression normative, cherche d'abord à identifier les réactions du groupe pour pouvoir les imiter; et cela est relativement aisé pour un groupe de quatre à cinq personnes. Au-delà, les réactions sont moins conformes. Cependant, si le groupe exerce une pression sur l'information, on peut s'attendre à une conformité plus ou moins élevée. Enfin, la présence d'un déviant dans le groupe engendre une conformité moins grande, surtout dans un groupe à pression normative élevée.

Pour d'autres auteurs (Latane et Wolf, 1981) la conformité s'accroît à mesure que la taille du groupe augmente, mais le degré de conformité des individus est fonction du moment à partir duquel ils arrivent dans le groupe. Autrement dit, la conformité, selon la taille, joue ici par rapport au nombre de personnes qui exercent effectivement une pression sur le groupe.

Allen et Levine (1969) ont étudié l'influence de l'*unanimité du groupe* sur la conformité. Ils ont observé que le sujet isolé qui s'écarte d'une position de consensus entraîne une forte tendance au rejet, mais que s'il existe, dans le groupe, un partenaire qui exprime publiquement son accord avec lui, cela réduit d'autant sa peur de l'exclusion; donc, le soutien social d'un individu diminue la tendance à la conformité. Il en est de même lorsqu'il s'agit de l'intervention d'une personne reconnue comme compétente : la prise de position de celle-ci est plus influente dans la réduction de la conformité que celle d'une personne qui ne l'est pas. Ainsi, le statut d'une personne à l'intérieur du groupe joue un rôle dans la conformité, à cause non seulement de la fonction reconnue à ce statut, mais en raison du caractère relationnel lié à une telle prise de position.

Moreland et Levine (1982) ont utilisé l'idée de relation pour établir comment elle affecte la conformité. Ils ont montré que *les relations entre l'individu et le groupe* se modifient au cours du temps et peuvent produire d'autres engagements, ainsi que des changements de rôles. Ils ont dégagé cinq phases consécutives d'appartenance des individus à un groupe qui, chacune, jouent de manière particulière dans le processus de la conformité : l'investigation, la socialisation, la conservation, la resocialisation et la remémoration. Chacune de ces étapes donne lieu à des changements de rôles, marqués, d'abord par l'entrée de l'individu dans le groupe; ensuite par son acceptation comme membre du groupe à part entière, par l'adoption d'une position de divergence s'il devient membre marginal, par un rôle de reconvergence, par le rôle particulier qu'il joue au moment de sa sortie du groupe; enfin, par l'évaluation rétrospective de ses relations passées, une fois qu'il a quitté le groupe.

c) Les recherches menées sur **les caractéristiques de la situation** consistent à cerner dans quelles situations les individus se conforment le plus ou le moins. Blake, Helson et Mouton (1957) ont montré que la conformité était plus importante lorsqu'une tâche était difficile et ambiguë que lorsqu'elle était simple à réaliser. Quand la tâche est difficile, les individus utilisent le groupe comme une source d'information, c'est-à-dire une ressource, alors que dans une situation plus aisée, le groupe usera de la pression normative pour obtenir la conformité. Ces travaux ont permis de constater que la nature d'une situation n'influe pas seulement sur la conformité en tant que telle, mais également sur le type de pressions utilisé par le groupe.

A partir de ces recherches, on a pu distinguer la notion de conformité de celle de contagion. Il existe en effet des situations où un individu aimerait se comporter de telle ou telle manière, mais voyant que les autres ne se comportent pas de cette façon, il s'abstient, c'est-à-dire qu'il fait comme eux. Dans ce cas, on peut dire que la contagion est différente de la conformité, dans la mesure où le conflit impliqué par la contagion survient avant que l'individu ne soit mis en présence d'un modèle, tandis que pour la conformité, le conflit se produit, du fait de la mise en présence de modèles suggérés ou imposés.

1.4. L'INTERPRÉTATION DE LA CONFORMITÉ

Quelles sont les explications apportées au processus de conformité ? Pourquoi les gens se conforment-ils ? Pourquoi cèdent-ils à la pression du groupe ? On trouve plusieurs types de réponses.

a) La première, la plus largement répandue, concerne l'hypothèse des **normes de groupe** : comme la plupart des groupes ont des buts précis, ils demandent à leurs membres une soumission à leurs règles pour les accomplir. Ainsi, on voit souvent un groupe réagir face à la moindre déviance. Asch (1955) remarqua que la plus petite déviance pouvait avoir un effet négatif quant à la cohésion du groupe, puisque cet effet de non-conformité a tendance à se propager. Mais s'il existe des prises de position en faveur du déviant, celui-ci aura moins peur d'être rejeté. Ainsi la tendance à la conformité résulterait du besoin de trouver des points de comparaison et de vérification, afin d'obtenir un accord entre nous-mêmes et les autres.

La conformité est donc le résultat d'un besoin de repérage chez l'individu, car il s'efforce d'être en harmonie avec les autres comportements et croyances auxquels il est confronté. On peut en conclure que moins une personne a confiance en elle, plus elle est susceptible de subir les pressions en direction de la conformité.

b) De manière plus générale, on peut expliquer la conformité par l'idée de **dépendance**. Lorsqu'un groupe est confronté à l'évaluation d'une situation, il élabore un système de réponses qui assure non seulement la réduction de l'anxiété, mais aussi sa propre cohésion. Ce système s'impose par conséquent comme la réponse la plus adaptée et devient une norme : si l'on prend le risque de s'y opposer, on peut être rejeté du groupe. L'éventualité d'un désaccord pose à l'individu un problème de choix : rester dans le groupe ou préserver son système de réponse personnel.

S'il obtient un accord et une approbation, alors la tension est résolue par la soumission à la norme : rester dans le groupe est plus important pour lui que préserver son autonomie. Dès lors, il existe dans le groupe une règle : la soumission à la norme produit l'approbation sociale. C'est précisément ce mécanisme qui crée une dépendance de l'individu à l'égard de la norme majoritaire. Il est d'autant plus efficace que, d'une part, la perte de l'autonomie ne s'accompagne pas de perte matérielle, mais d'un gain affectif et que, d'autre part, le système de réponse personnel est imprécis, puisque la situation est objectivement ambiguë.

Les interprétations de la conformité par l'idée de dépendance ont l'inconvénient de tenir le sujet pour un être relativement passif, ce qu'il n'est pas totalement.

c) Moscovici (1972) fait, à cet égard, intervenir un comportement plus actif dans l'explication de la conformité par le phénomène de la **négociation**. Il part de l'idée que le sujet naïf n'est pas à considérer comme un être simplement soumis à la pression de la majorité, mais comme ayant à sa disposition un système de réponse qui lui est propre. La conformité serait alors le résultat de la confrontation entre deux systèmes opposés : celui du sujet et celui de la majorité.

Dans ce sens, la situation de négociation qui s'instaure permet d'analyser la conformité, en termes de conflits non pas intrapersonnels, mais interpersonnels. Dans cette situation, la consistance interindividuelle apparaît comme un facteur essentiel dans l'adaptation de la réponse. La négociation définit alors la conformité comme un compromis.

Par rapport à ces diverses interprétations, Personnaz (1976) s'est demandé si, dans une situation de conformité, le consensus correspondait effectivement à l'acceptation de la norme majoritaire.

> Dans son expérience, il utilise une lumière bleue-verte. Il commence par rechercher la norme du sujet qui doit dire, lors d'une série de présentations, s'il voit la lumière bleue ou verte. Quand cette norme est connue, la seconde phase fait intervenir un compère, qui répond d'abord et donne toujours la réponse opposée à la norme du sujet. Dans une troisième phase, les réponses se font par écrit, en présence du compère. Enfin, l'expérience se termine par une série de présentations où le sujet est seul.

Les résultats permettent de constater qu'aucun sujet n'a résisté jusqu'au bout à l'influence. Par ailleurs, la conformité n'est pas perturbée par le caractère privé ou public des réponses. La dépendance crée une sorte de brouillage de l'objet par la focalisation sur autrui. Enfin, l'influence cesse avec le départ du compère : le sujet revient à sa norme personnelle.

A partir de cette expérience, Personnaz esquisse une nouvelle direction théorique : il se produit chez les conformistes une focalisation sur la source d'influence, à cause, par exemple, de l'impression d'étrangeté suscitée par autrui. Par ailleurs, la conformité n'est qu'un phénomène de surface, puisque l'influence n'est pas durable et que le sujet conserve ses propres jugements et critères de perception. Dans ce cas, on peut conclure que la dépendance ne crée pas une véritable influence et que la conformité reste une modification momentanée : le sujet conserve son intégrité, mais elle est temporairement clandestine.

Les analyses sur la conformité affirment sous un angle particulier le caractère social de l'être humain : il ne peut pas vivre et se développer en dehors de situations, de contextes qui lui imposent plus ou moins les orientations de son comportement. Les analyses de la psychologie des profondeurs vont dans le même sens : il existe, dans tout contact avec le réel et l'environnement social, une part d'angoisse qui pousse le sujet, plus ou moins consciemment, plus ou moins fortement, à devenir dépendant d'autrui. La conformité semble, pour une part, s'inscrire dans cette perspective.

Il existe en même temps un mouvement inverse par lequel l'individu éprouve le besoin de se différencier des autres; la question se pose alors de savoir comment coexistent ces deux tendances. A travers la conformité, nous constatons la part importante de soumission aux pressions d'un groupe : cela implique l'existence d'un conflit entre la façon dont l'individu aimerait se comporter et la façon dont le groupe lui impose un ou des types de conduites.

La conformité est donc une résolution partielle de ce conflit, dans la mesure où elle permet au groupe d'exister et de se réaliser. Mais la conformité résoud également une part de ce conflit en permettant à l'individu de se singulariser. Selon Codol (1976), cela est possible grâce aux comportements de conformité supérieure de soi, encore dénommés phénomènes P.I.P. (*Primus Inter Pares*).

On désigne par ce terme un phénomène maintes fois observé, selon lequel lorsqu'une personne se compare à autrui, elle a tendance à se présenter personnellement comme plus conforme aux normes de la situation sociale dans laquelle elle est impliquée que ne le sont les autres membres d'un groupe. Si, par exemple, la norme d'un groupe est l'altruisme, alors la plupart des membres auront tendance à se décrire comme plus altruistes que les autres, si on les interroge. Dans une étude portant sur des adolescents, l'auteur a montré que les sujets présentent d'autant plus un comportement de conformité supérieure de soi, qu'ils veulent davantage se différencier des autres, tout en recherchant des contacts sociaux. Si la conformité a pour effet de réduire le conflit en éliminant la déviance, elle produit par ailleurs une différenciation des comportements à l'intérieur de ce processus. Elle implique alors un processus d'influences réciproques.

2. *L'obéissance*

Avec la conformité, *l'obéissance* représente une deuxième forme essentielle de l'influence sociale. Elle peut être définie globalement comme *la modification du comportement, à travers laquelle un individu répond par la soumission à un ordre qui lui vient d'une autorité légitime.* Sommairement, on peut donc définir l'obéissance comme la soumission à une autorité.

Pour traiter cette question, nous allons essentiellement présenter les travaux de Milgram (1965, 1974), et cela pour deux raisons : d'une part, son expérience aboutit à un résultat spectaculaire et inattendu, qui contraste avec la banalité et l'évidence de beaucoup de résultats d'expériences; d'autre part, elle illustre parfaitement le principe méthodologique de la psychologie sociale, qui est de construire des situations explicatives.

2.1. L'EXPÉRIENCE DE MILGRAM

> Dans le cadre d'une étude menée par le laboratoire de psychologie à l'université de Yale, des individus sont recrutés par petites annonces, pour participer à une expérience dont le but, leur dit-on, est de tester l'effet d'un choc électrique sur la mémoire. Le sujet et un autre volontaire (le compère) doivent tirer au sort pour déterminer le rôle de chacun, à savoir : d'un côté, la place de l'élève et, de l'autre, celle du moniteur. Bien entendu, le tirage au sort est truqué : le sujet devient le moniteur et le compère, l'élève. Celui-ci est attaché sur un fauteuil, et des électrodes sont fixées à son bras; on lui applique même une pommade spéciale pour éviter les brûlures. L'expérimentateur conduit ensuite le moniteur dans une autre pièce, séparée de la première par une cloison vitrée. Il l'installe

devant un tableau de commandes équipé de trente boutons gradués de 15 à 450 volts. En face de ces boutons, figurent les mentions « choc léger », « choc modéré », « choc fort », « choc très fort », « choc intense », « choc extrêmement intense », « attention choc dangereux » et, finalement, trois « X ».

Le principe de l'expérience est le suivant : le moniteur a devant lui une liste de trente mots associés à des adjectifs. Sa tâche consiste à lire tout d'abord les trente couples de mots (exemple : bleu/ciel), puis à présenter à l'élève l'un de ces mots, pour qu'il retrouve l'autre (exemple : bleu... ciel). L'expérimentateur explique qu'à chaque erreur commise par l'élève, le moniteur doit lui administrer un choc électrique; il précise que les décharges devront être d'autant plus intenses que les erreurs sont nombreuses. Le dispositif est également conçu de telle sorte que le moniteur reçoive un feed-back de la part de l'élève, chaque fois qu'il administre une décharge électrique et en fonction de l'intensité : à 75 volts, l'élève gémit; à 120 volts, il crie que les chocs sont douloureux; à 150 volts, il refuse de continuer; à 270 volts, c'est un cri d'agonie; et, à partir de 300 volts, il râle et ne répond plus aux questions. A chaque fois qu'un moniteur hésite, l'expérimentateur lui enjoint de continuer et si, après la quatrième incitation, le sujet refuse d'obéir, l'expérience s'arrête.

L'objet de l'expérience ne porte pas en réalité sur les effets de la punition sur l'apprentissage : ce qui est recherché, c'est la capacité d'obéissance du moniteur, sa soumission à l'autorité. Pour le sujet qui participe à l'expérience, l'autorité, ici, c'est l'expérimentateur qui lui impose d'infliger un code de punitions à quelqu'un qui ne lui a rien fait : jusqu'où va-t-il obéir à cet ordre qu'on vient de lui donner ?

Parallèlement, Milgram a procédé à des enquêtes auprès de trois catégories de personnes : des psychiatres, des étudiants et des adultes de la classe moyenne. Il leur a demandé ce qu'elles feraient si elles participaient à une telle expérience, et ce que feraient les autres. Elles indiquèrent le refus d'obéissance quasi unanime des sujets, à l'exception de quelques cas pathologiques (1 à 2 %) qui continueraient à infliger des décharges électriques jusqu'à la dernière manette, c'est-à-dire jusqu'au choc le plus élevé. Selon les psychiatres, la plupart des sujets n'iraient pas au-delà du dixième niveau (150 volts), 4 % iraient jusqu'au vingtième niveau (300 volts) et 1 ou 2 ‰ iraient jusqu'au bout.

Les prévisions ainsi établies s'appuyaient, d'une part, sur l'idée que les gens sont relativement bons et nullement enclins à faire souffrir un innocent et, d'autre part, sur l'idée qu'en l'absence de sanction possible, un individu est le maître absolu de sa conduite, c'est-à-dire qu'il agit uniquement de telle ou telle façon, parce qu'il a décidé de le faire. Ces considérations valorisaient le caractère autonome de l'individu, sans tenir compte de la situation dans laquelle il se trouve. Or ici, les sujets ont précisément été conduits à se comporter et à adopter des comportements opposés à leurs convictions. Comment ont-ils réagi au cours de l'expérience ? Il faut souligner tout d'abord qu'aucun candidat n'a refusé de participer à cette recherche. Pourtant, l'obéissance dont ils ont fait preuve, n'allait pas sans problème pour eux.

— La situation n'était pas vécue comme un jeu, mais comme une tension importante. Par exemple, beaucoup évitaient de regarder l'élève, une fois qu'ils lui avaient administré des décharges électriques; quand on le leur fit remarquer, ils dirent qu'il leur était pénible de le voir souffrir; néanmoins, ils ont continué à lui administrer des décharges, s'il commettait des erreurs.

— Chez certains, on pouvait observer un autre type de tension lié à leur effort psychologique pour accepter la situation; ce qui a été rendu possible par la dévalorisation de la victime. Pour se tirer d'une situation insoutenable pour lui, le sujet devait donc rompre avec l'autorité, c'est-à-dire refuser de continuer à obéir.

Les résultats de cette expérience révèlent que 62 % de sujets étaient obéissants jusqu'au bout, c'est-à-dire qu'ils ont continué à administrer les chocs, jusqu'à ce qu'on leur dise qu'ils pouvaient arrêter. Ils se sont donc totalement soumis à ce qu'on leur commandait de faire. Milgram a réalisé dix-huit variantes de son paradigme expérimental mais, dans tous les cas, l'expérience illustre avec force le poids de la soumission à l'autorité. Cela signifie que, dans la grande majorité des cas, les individus n'ont pas tendance à résister aux exigences de l'autorité, même lorsqu'ils croient qu'elle a tort : ils sont capables d'exécuter n'importe quel ordre émanant d'elle. Ce comportement ne peut donc se comprendre en termes de psychologie individuelle, comme l'agressivité ou le sadisme; le moteur de ce phénomène réside dans l'obéissance. Cette expérience montre comment des gens normaux peuvent être amenés à abdiquer toute conscience, toute morale personnelle, au profit d'une obéissance aveugle aux ordres provenant d'une autorité supérieure. Comment comprendre ce mécanisme ?

2.2. LE MODÈLE EXPLICATIF

Milgram essaie d'expliquer l'obéissance par plusieurs facteurs : les conditions de la socialisation; les facteurs de changement de l'obéissance; la faiblesse de la résistance humaine.

a) Les conditions de la socialisation : chacun entre dans la vie sociale en apprenant à obéir, dans sa famille, à l'école, au travail.

• *L'intériorisation de la soumission* : les vingt premières années de la vie se passent dans l'état de subordonné, état qui est d'ailleurs valorisé comme moral et bon, puisque l'obéissance est consacrée comme une vertu, et donc récompensée. Il se produit alors l'intériorisation de l'ordre social, c'est-à-dire de la norme d'obéissance aux supérieurs. Pour que ce mécanisme puisse fonctionner, il faut d'abord que l'autorité soit clairement identifiable. Souvent, le sujet vient avec l'idée que quelqu'un dirige les situations dans lesquelles il est placé, et il essaie de repérer où se situe l'autorité. De son côté, l'autorité se signale par des marques caractéristiques que les individus repèrent. Par ailleurs, le sujet se sent engagé et moralement obligé, dans le cas de l'expérience notamment, à assumer son rôle jusqu'au bout. Enfin, il existe une cohérence entre l'ordre et la fonction de l'autorité : cela veut dire qu'un individu sera réceptif à tout ce qui viendra d'elle; il acceptera la situation telle qu'elle la lui définit.

• *L'état agentique* : l'intégration dans la hiérarchie amène une perte de l'état d'autonomie pour un nouvel état, appelé par Milgram, « l'état agentique ». Le sujet ne se sent plus responsable de ses actes, il ne se considère plus que comme l'instrument de la volonté d'autrui, il obéit aux ordres. Donc, en obéissant, nous nous démettons de notre capacité d'évaluation personnelle; nous considérons que nous n'avons plus à juger si nos actes sont bons ou mauvais; nous estimons, du moment qu'un ordre nous est donné, que l'autorité supérieure est là pour le juger : nous faisons simplement ce qu'on nous demande de faire. De plus, pour Milgram, lorsqu'une autorité est identifiée, se produit un phénomène appelé « la syntonisation » : le sujet est réceptif à tout ce qui vient de l'autorité et très peu à ce qui vient d'ailleurs. Son attention se trouve focalisée par tout ce que l'autorité est susceptible de demander. L'individu accepte les situations qui lui sont présentées, à travers la définition qu'en fait l'autorité; donc bien qu'étant obligé d'effectuer ce que celle-ci lui demande, il la laisse seul juge de la signification de ses actes.

Ces mécanismes ont pour conséquence une modification du sens de la responsabilité : l'individu estime être engagé vis-à-vis de l'autorité qui lui donne tel ou tel ordre, mais ne se sent pas personnellement responsable des actes prescrits par elle. L'autorité devient source de reconnaissance et juge moral du sujet : c'est en elle qu'il va chercher la bonne image de soi; c'est elle qui peut confirmer cette image mais, pour cela, il faut obéir. En fin de compte, la condition de l'état agentique résulte de la soumission aux ordres provenant de l'autorité.

b) Les facteurs de changement de l'obéissance : Milgram et d'autres psychologues sociaux ont cherché à définir, à l'intérieur du processus de la soumission, les facteurs qui, s'ils étaient modifiés, pourraient réduire la tendance à obéir aveuglément. Plusieurs éléments ont été retenus.

• *La légitimité de l'autorité* : considérant que le degré élevé d'obéissance, dans son expérience, était essentiellement lié au poids de la légitimité reconnue des demandes de l'expérimentateur, qui incarnait le prestige de l'université de Yale, Milgram a voulu explorer d'autres possibilités. Il a installé un autre laboratoire dans un immeuble délabré et a présenté le promoteur de l'étude comme une firme privée, les autres éléments de l'expérience étant identiques. Les résultats ont montré que le changement de procédure a réduit l'obéissance à 48 %.

• *La proximité de la victime* : dans l'expérience que nous venons de présenter, la victime était dans une pièce voisine. Les travaux ultérieurs de Milgram ont montré que l'obéissance diminuait considérablement, lorsque le sujet était dans la même pièce que la victime. Plus la victime était proche, moins il y avait de soumission.

c) La faiblesse de la résistance humaine : les expériences de Milgram qui ont été l'objet d'une controverse importante, ont eu le mérite de mettre en lumière ce fait troublant que la majorité des gens suivent aveuglément les ordres qu'ils reçoivent. Ces résultats montrent la faiblesse de la résistance des individus face à une autorité, l'importance de leur démission et de l'abdication de leurs responsabilités, mais ils révèlent aussi qu'une telle obéissance ne va pas sans problèmes : le vécu de ces situations a été souvent dramatique, tant le conflit intérieur a été intense; presque jamais, il n'y a eu d'adhésion aveugle à la tâche. Même si la majorité obéit assez largement, souvent jusqu'au bout, on voit aussi une minorité qui ne se soumet pas totalement. En outre, lorsque la situation le permet, on a vu apparaître des tentatives de résistance.

La fragilisation des positions autonomes ou de responsabilité est tributaire d'une hiérarchisation des valeurs, introduite par la relation d'ordre : vis-à-vis de celui auquel on doit obéir, on essaie de donner une bonne image de soi. Il y a donc hiérarchisation, parce qu'il y a redisposition des valeurs en fonction de l'attente de l'autorité et, en cas de conflit, ce sont les valeurs édictées par elle qui seront reprises à leur compte par les individus : chacun a été amené à produire un comportement contraire à ses convictions; au moins, jusqu'à un certain seuil. C'est en méconnaissant la force de ces facteurs, que les personnes interrogées lors des enquêtes, y compris les psychiatres, se sont trompées dans la prévision des résultats.

Dans les deux formes d'influence sociale que nous venons de voir, les individus sont placés dans des situations où ils modifient leurs comportements et se soumettent à des ordres. Dans la conformité, c'est la pression du groupe qui s'exerce; dans l'obéissance, c'est l'ordre d'une autorité.

C. L'IMPACT DE L'INFLUENCE SOCIALE

L'analyse des formes de l'influence que nous venons d'examiner nous amène à la question des effets généraux de ce processus. Une pression, une influence, conduit-elle forcément à la conformité ? L'expérience quotidienne nous montre qu'une influence n'a pas un effet automatique; elle peut aussi produire de la non-conformité, de la déviance plus ou moins grande par rapport aux normes, ou même le rejet de celles-ci. Nous présenterons quelques aspects de ce phénomène qui porteront, d'une part, sur les situations de non-conformité, d'anomie et de déviance et, d'autre part, sur les phénomènes des minorités.

1. Résistance, anomie, déviance

Si les analyses précédentes ont permis de saisir pourquoi les individus se conforment, il n'en est pas moins important de comprendre pourquoi ils ne se conforment pas, c'est-à-dire pourquoi ils résistent à l'influence sociale.

1.1. LA RÉSISTANCE INDIVIDUELLE : LA RÉACTANCE

Un premier type d'études répond à cette question en mettant en évidence les facteurs liés aux réactions individuelles de résistance à l'influence. Des chercheurs ont expliqué la résistance aux pressions par des facteurs psychologiques : ainsi, dans une situation où des individus se sentent menacés dans leur indépendance, ils réagissent par un comportement appelé « réactance ». *La réactance peut être définie comme le développement d'une motivation négative, liée au sentiment d'une perte de son indépendance et qui se traduit par une résistance à l'influence, dont l'orientation est de retrouver la liberté perdue.*

a) Une étude portant sur les changements d'attitudes liés à une **situation de censure** (Wicklund et Brehm, 1976) permet de rendre compte de façon plus précise d'un état de réactance. L'hypothèse de cette expérience considérait la censure comme une pression sur la liberté, qui pouvait déclencher des réactions pour la préserver.

> L'expérience portait sur la mesure des attitudes des élèves d'un lycée par rapport à l'abaissement de l'âge de vote; la majorité d'entre eux manifestait son approbation sur ce point. On leur avait annoncé la venue d'un conférencier qui devait faire un discours en faveur de cette position, mais celui-ci fut décommandé le matin même où il était prévu. Une partie des élèves fut informée que le discours avait été interdit par la commission scolaire régionale qui ne voulait pas qu'ils entendent son propos; on déclara aux autres que le conférencier était malade. On mesura ensuite les attitudes des élèves pour savoir si la censure avait pu modifier leurs dispositions antérieures.

Il est apparu que les élèves informés de la censure avaient développé une attitude encore plus prononcée en faveur de l'abaissement de l'âge de vote; la censure n'a donc aucunement modifié leurs attitudes dans le sens désiré, bien au contraire. En revanche, on n'a pas trouvé ce résultat chez les élèves qui n'avaient pas eu la même information.

Ainsi, les individus peuvent résister, dans certains cas, à la pression sociale exercée sur eux, car elle déclenche des motivations en sens inverse de l'effet recherché. Ces motivations peuvent être liées à leurs croyances personnelles, aux sentiments de leur indépendance à conserver, aux valeurs qu'ils défendent ou encore aux engagements divers dans lesquels ils sont impliqués.

b) D'autres études ont montré que la **probabilité d'un comportement de réactance** était liée à plusieurs facteurs : elle augmente d'autant plus que le sentiment de liberté diminue; cela intervient notamment dans le cas où l'individu accorde une certaine importance au comportement ainsi menacé (Brehm et Mann, 1975).

Parmi les éléments d'ordre individuel qui jouent comme résistance à l'influence, on peut retenir les sentiments d'identité personnelle. Duval (1972) a observé que la conformité des individus peut diminuer de façon caractéristique lorsqu'ils sont placés dans des situations où la perception de similarité est très grande.

> Dans une étude ayant pour objet l'effet de la perception de similarité sur le conformisme, il a fait varier le sentiment d'unicité chez un groupe d'étudiants. Dans une première étape, ce groupe a été informé que d'autres étudiants, parmi dix mille interrogés, partageaient leurs dix attitudes les plus importantes dans une proportion de 5 %, 50 % ou 95 %. Chacun devait donner son jugement, après avoir entendu les estimations de deux autres étudiants.

Les résultats font apparaître que, dans tous les cas où ils étaient informés d'un degré élevé de ressemblance de leurs attitudes avec celles de la majorité des étudiants, les sujets exprimaient le plus faible niveau d'accord avec les autres estimations. On constate donc ici que la conformité diminue lorsque le besoin de se distinguer, ou de s'affirmer, augmente. Si l'on se place maintenant non plus du point de vue de l'individu, mais du point de vue de l'organisation sociale, on peut cerner un autre effet de l'influence dans le concept d'anomie.

1.2. L'ANOMIE SOCIALE

Le concept d'*anomie*, forgé par Durkheim (1960), définit *les effets de dérèglement social liés aux conflits existants entre valeurs et normes dans un contexte donné*. On constate une perte d'impact, de puissance, d'efficacité, des règles sociales qui guident les conduites. Il y a ainsi anomie, lorsque la conduite des individus n'est plus régie par des normes claires; on considère alors que les systèmes sociaux, de par leur complexité croissante, induisent un effet d'atomisation qui produit un ensemble de règles mal établies. En raison du changement rapide dans lequel sont prises les normes, une usure des valeurs traditionnelles s'instaure et donc un dérèglement des relations entre l'individu et la société, car les règles ont perdu de leur consistance.

Merton (1949) a présenté une approche du concept dans une perspective micro-sociologique. Pour lui, l'anomie résulte du fait que la société propose à ses membres des objectifs, mais ne leur donne pas les possibilités de les atteindre. Il se produit alors une tension qui crée un assouplissement du consensus dont l'effet est une relative absence de normes. Par exemple, la réussite sociale, qui est définie comme une valeur dans la société industrielle, devient un point de référence par rapport aux objectifs que les individus se fixent. Pour les atteindre, ils disposent de moyens qui sont socialement valorisés et en même temps déterminés par des normes; celles-ci constituent donc en même temps des barrières que bon nombre ne pourront franchir, en raison de leur condition sociale. Ainsi, dans la classe moyenne américaine, la réussite est positivement valorisée, mais les ressources pour y parvenir, font souvent défaut.

Dans ce cas, l'anomie est un processus par lequel les structures sociales engendrent des conditions dans lesquelles l'infraction au code de la société constitue une réponse « normale », qui peut prendre la forme de la déviance individuelle ou de la contestation collective. D'où l'apparition de plusieurs types de conduites correspondant au rejet des moyens socialement valorisés.

Ainsi, l'anomie permet de mesurer les écarts engendrés par des normes inopérantes; par rapport à elles, les individus déploient un certain nombre de possibilités qu'ils utilisent pour atteindre des buts définis. L'analyse de l'anomie fournit dans ce sens une explication aux comportements déviants, car elle constitue, selon Merton, leur source sociale et culturelle.

1.3. LA DÉVIANCE

Une des conséquences les plus symptomatiques de l'influence sociale, c'est la *déviance*, qui peut être définie comme *un type de conduite résultant d'un conflit entre valeurs et normes, et qui place les individus en dehors d'un système social de règles établies, où leur conduite ne paraît plus limitée par elles.* Les études sur la déviance portent tantôt sur les éléments de réaction à la conformité, tantôt sur les attitudes face aux déviants.

a) La théorie de la réactance (Brehm, 1966), que nous avons déjà évoquée, se fonde sur l'hypothèse que l'individu possède une palette de comportements qu'il peut utiliser dans l'immédiat ou plus tard. Il s'agit de potentiels qui ont trait à sa manière de vivre la liberté, et toute atteinte au sentiment qu'il peut en avoir produira une réaction par laquelle il cherchera à la retrouver.

b) Le second type d'études porte sur **les phénomènes de désindividuation.** Cette orientation repose sur l'idée que les individus adoptent souvent, en groupe, des comportements qu'ils n'auraient pas s'ils étaient tout seuls. Festinger, Pepitone et Newcomb (1952) suggéraient que les individus se sentaient moins responsables de leurs actes lorsqu'ils étaient en groupe, car ils ne ressentaient pas leurs comportements comme individuels, c'est-à-dire différents de ceux des autres et identifiés comme tels. Zimbardo (1969) énuméra différentes caractéristiques de la dépersonnalisation : l'anonymat, la similitude dans l'habillement, qui constituent, selon lui, un obstacle au désir d'être repéré comme distinct, c'est-à-dire unique. Cette impossibilité accroît le comportement agressif d'un individu. En d'autres termes, il cherchera à se particulariser, ce qui, dans bien des cas, entraîne un comportement déviant.

c) D'autres recherches portent sur **les attitudes face aux déviants.**

Une étude classique (Schachter, 1951) a décrit diverses pressions par rapport à un comportement déviant dans un groupe composé de huit à dix étudiants qui ne se connaissaient pas et parmi lesquels se trouvaient trois compères. Ils avaient à décider du sort d'un délinquant juvénile; une discussion de quarante-cinq minutes était organisée, au cours de laquelle chacun devait exprimer son opinion.

Dans cette expérience, les compères présentaient chacun une opinion donnée : le premier, une opinion déviante par rapport à celle de la majorité; le deuxième, une opinion modale, c'est-à-dire partagée par le plus grand nombre dans le groupe; le troisième, une opinion extrémiste au départ, mais influençable, aboutissant à une opinion modale.

Les résultats de l'expérience montrent que le nombre de communications adressées au compère déviant va croissant au cours de la discussion et qu'il dépasse de beaucoup le nombre de celles adressées aux autres. En d'autres termes, les membres du groupe déploient une grande énergie pour ramener le déviant dans le droit chemin, c'est-à-dire pour qu'il mette son opinion en conformité avec la leur. On observe par ailleurs, vers la fin de l'expérience, que le nombre de communications en direction du déviant diminue sensiblement. Cela a été interprété comme une forme de rejet : des évaluations ultérieures ont montré que les membres du groupe lui étaient hostiles.

Levine (1980) a confirmé cette notion de pression sociale vers le déviant par le taux élevé de communications, mais pendant un certain temps seulement, au-delà duquel la pression diminue et équivaut à un rejet du déviant. Ainsi la pression contre la déviance permet de saisir à quel point le consensus autour des règles sociales apparaît comme une dimension essentielle et cruciale de tout système, car c'est elle qui constitue à proprement parler la réalité sociale, dans le sens où elle détermine une compréhension et des types de comportements socialement acceptés par rapport à ce que doit être le monde.

Toute déviation de ce consensus est une menace à l'intégrité, telle qu'un groupe se l'est construit socialement; elle est perçue comme un risque de dislocation. L'importance de la pression exercée sur le déviant, augmente donc d'autant plus qu'il représente une menace de cet ordre-là, mais l'importance de la pression peut également provenir de la cohésion du groupe comme telle. Il apparaît donc que les sytèmes sociaux tolèrent de petits écarts par rapport à la norme, mais que de plus importants sont plus menaçants. Dans ce cas, soit une très forte pression s'exerce pour réintégrer le déviant, soit le groupe considère qu'il a dépassé les limites, et il est alors rejeté.

Nous voyons donc que la déviance est encore une situation d'interaction par laquelle un groupe régule l'application des normes, en exerçant un type de pression qui consiste à réinsérer le déviant dans les limites fixées par ce groupe. Mais ces efforts ne réussissent pas toujours.

1.4. LA THÉORIE DE L'IMPACT SOCIAL

La théorie de l'impact social (Latane et Nida, 1980) propose à cet égard un éclairage intéressant. Cette approche montre qu'à l'intérieur d'un groupe, les normes ne sont pas toujours rigides : les individus peuvent conserver une certaine liberté et, dans ce type d'interactions, ils ont un impact les uns sur les autres. Dans ces conditions, un déviant peut jouer de cette situation et amener, par exemple, le groupe vers d'autres positions que celles qu'il avait antérieurement. Plusieurs facteurs d'impact sur le groupe sont définis, selon cette théorie.

— La quantité des influences différentes : plus il existe de personnes ayant des opinions différentes, plus il est possible d'influencer le déviant.

— Le poids de l'influence : l'idée de poids est liée ici à la reconnaissance de l'action d'un individu; ainsi son poids augmente lorsqu'il peut aider, offrir un statut social ou procurer du plaisir à quelqu'un.

A travers ces caractéristiques, la théorie de l'impact social indique que les petits groupes comportent moins de sources d'influence et qu'ils offrent, par conséquent, de plus grandes possibilités de liberté. De la sorte, le déviant est à son tour capable d'agir sur la situation et donc d'influencer le comportement des autres membres et l'orientation du groupe.

La théorie de l'impact social peut être comparée à une étude de Asch (1951) portant sur la manière de réduire le conformisme. Dans cette expérience, l'un des compères exprimait clairement une opinion en faveur de la réponse inexacte; les effets de cette position anticonformiste sur les réactions des sujets ont été importants, puisque le taux de conformité est alors tombé à environ 5 %. En d'autres termes, la pression des normes met en présence des réponses individuelles extrêmement variées; si les individus trouvent un appui à leurs points de vue, ils vont résister à la pression et adopter une position de plus ou moins grand écart avec les normes.

Les conditions de résistance à l'influence sociale et de déviance en particulier révèlent, plus profondément, un conflit entre un système de valeurs et un système de normes. Ce conflit résulte, pour une part, de l'ambiguïté de la réalité sociale, qui engendre ces réactions du fait même qu'elle place les individus dans une contradiction permanente entre les valeurs qu'elle propose et les normes à partir desquelles elle sanctionne leurs conduites. Le comportement de déviance a, en fin de compte, le mérite de montrer que l'influence sociale ne fonctionne jamais à sens unique : celui auquel elle est destinée devient à son tour un pôle actif dans ce système relationnel.

2. *Le poids des minorités*

La plupart des études portant sur l'influence sociale ont insisté sur l'importance d'un phénomène majoritaire dans ce processus : elles s'appuient sur un schéma explicatif dans lequel on considère le fait que la majorité a des effets automatiques, sans guère se préoccuper de la minorité qui n'a pas les mêmes réactions. Comme nous avons pu le constater, celle-ci peut à son tour devenir un agent d'influence. Cela a été mis en évidence par des recherches qui ont étudié les phénomènes minoritaires comme source d'influence sociale, et non plus seulement comme pure cible de la majorité.

Dans les expériences que nous allons présenter, les auteurs partent du fait que l'on ne pourrait pas comprendre les éléments du changement social, ni certaines caractéristiques de l'innovation, si l'on ne prenait en compte que les seuls mécanismes d'uniformisation et de réduction des différences produits par la majorité.

2.1. LES EXPÉRIENCES DE FAUCHEUX ET MOSCOVICI (1967)

On propose à des sujets de juger des dessins qui varient selon quatre dimensions : la taille, la couleur, la forme et le contour. Il existe quatre bonnes réponses possibles et les sujets sont invités à adopter le critère qui leur paraît le plus approprié. En tout, la série comporte soixante-quatre dessins. Les sujets sont répartis en groupes de quatre ou cinq, parmi lesquels un compère, qui donne systématiquement la réponse couleur.

Il apparaît que dans les groupes soumis à l'influence du compère, ce sont les réponses couleur qui ont été les plus importantes. Il

Au cours d'une autre expérience, les mêmes chercheurs ont présenté à des sujets une liste de quatre-vingt neuf mots stimuli en face desquels se trouvaient deux termes associés : par exemple, en face du mot « orange », les termes « ronde » et « fruit »; l'un étant toujours qualitatif et l'autre toujours supra ordonné.

L'expérimentateur présentait le mot stimulus à un groupe de quatre personnes, dont un compère. Chaque sujet devait indiquer le mot qui lui paraissait le plus étroitement associé, mais les compères donnaient toujours la réponse de type supra ordonné. En outre, on introduisit deux variantes : une liste A où les termes associés étaient choisis de telle sorte que la probabilité de choix supra ordonné augmentait, ce qui définissait le compère, d'abord comme déviant, et ensuite comme étant dans la norme; une liste B où ces termes associés étaient choisis de telle sorte que la probabilité de choix supra ordonné diminuait, ce qui avait pour effet de rendre le comportement du compère, d'abord conforme, puis conservateur.

On constate que lorsque le compère se comporte comme un déviant, son influence sur la majorité est certaine. Par ailleurs, on peut observer que c'est son conformisme de départ qui joue dans le poids de son influence. Cette expérience montre donc qu'il existe des stratégies d'influence et que certains types de comportements sont plus efficaces que d'autres pour produire un impact de l'influence minoritaire.

2.2. L'EXPÉRIENCE DE MOSCOVICI, LAGE ET NAFFRECHOUX (1969)

Cette expérience a permis de déterminer certains processus de l'influence minoritaire et de savoir comment et à quel niveau elle se produisait.

L'expérience comporte trois phases.
— D'abord on montre à des sujets des diapositives pourvues de filtres qui ont pour effet soit de diminuer l'intensité lumineuse, soit d'éliminer la couleur, pour ne laisser subsister que la gamme à dominante bleue. Les groupes sont composés de quatre sujets naïfs et de deux compères. Ceux-ci estiment toujours la luminosité selon leur perception, mais disent que la couleur est verte, alors qu'elle est manifestement bleue.
— Ensuite, les sujets restent les mêmes, mais c'est un nouvel expérimentateur qui leur propose une étude sur la perception des couleurs et leur montre des pastilles, tantôt bleues, tantôt vertes, qu'il s'agit de classer, selon la couleur qu'on leur attribue.
— Enfin, les sujets répondent à un questionnaire dans lequel ils évaluent leurs co-équipiers.

Les résultats révèlent plusieurs points.
— Dans la première phase de l'expérience, la minorité n'a qu'une faible influence, puisque seulement 8 % des sujets fournissent les mêmes réponses que celles du compère.
— A la suite du test de discrimination, on constate une modification du code perceptif dans le groupe marqué par l'influence minoritaire : dans ce cas, les sujets jugent la couleur plutôt verte, alors que les groupes témoins la jugent plutôt bleue.
— Enfin, à partir du questionnaire, on s'aperçoit que les compères sont jugés moins compétents que les sujets, car leur comportement est estimé comme déviant; en revanche, ils sont considérés comme plus assurés (consistance).

Cette expérience met en évidence l'existence d'une influence dont le sujet n'est pas conscient et qui porte sur son code perceptif. Elle permet de distinguer le processus de l'influence minoritaire de celui de la conformité. Alors que cette dernière réside plus dans un comportement stratégique, dans le but de diminuer le conflit apparent, et n'est donc pas une véritable influence, mais simplement une soumission qui disparaît lorsque disparaît la source d'influence, l'influence minoritaire, au contraire, ne joue pas de façon consciente et ne peut donc être considérée comme une tactique.

2.3. L'INFLUENCE DE LA MINORITÉ SUR LA MAJORITÉ

D'autres travaux (Nemeth et Wachtler, 1973) montrent qu'une position soutenue par une minorité peut influencer le comportement de la majorité et lui faire modifier son système de réponse, en le rapprochant du sien. Cependant, si le sujet minoritaire adopte une position extrême, il provoque une répulsion, même si auparavant, une telle position était majoritaire.

Paicheler (1976, 1977) a étudié la polarisation des attitudes dans un groupe à propos, notamment, de l'opinion de groupes de femmes sur la question de la libération des femmes. Dans chaque groupe, était introduit un compère qui adoptait une position extrême : soit antiféministe, soit proféministe. Il allait donc soit à l'encontre des normes des sujets participant à l'expérience, soit dans le même sens.

Dans le groupe du compère proféministe, la polarisation des attitudes a été très forte, et 94 % des sujets ont adopté le point de vue du compère; celui-ci a donc exercé une influence très grande, produisant chez le groupe une intériorisation de sa réponse.

Dans le groupe du compère antiféministe, on a constaté une impossibilité d'aboutir à un consensus dans 94 % des cas, en même temps qu'apparaissait une certaine agressivité contre les positions rigides du compère. L'effet de bipolarisation qui s'est produit dans ce groupe montre que la présence d'un individu hétérodoxe accroît les divergences d'opinion et fait naître des conflits entre les membres d'un groupe, paralysant ainsi, entre eux, la possibilité de parvenir à un consensus.

Cette expérience est intéressante parce qu'elle permet de distinguer deux types de minorité : orthodoxe et hétérodoxe, chacune produisant des types de changements particuliers chez les sujets soumis à leur influence.

2.4. LE « STYLE COMPORTEMENTAL »

Enfin, dans les études sur les minorités, il faut souligner un facteur mis en évidence par Moscovici (1976) qui l'appelle le « style comportemental » de l'agent d'influence. Les éléments intervenant dans l'influence minoritaire sont de trois ordres : l'investissement relatif au problème, l'autonomie et enfin la consistance. Ainsi, la condition d'efficacité de l'influence minoritaire réside dans un système de réponse consistant qui doit s'accompagner de confiance en soi.

L'ensemble des études sur les minorités permet d'observer que majorité et minorité ne sont pas deux blocs rigides : le poids de leur influence respective est conjugué et peut s'inverser au bénéfice de l'influence minoritaire. Ce ne sont donc pas les majorités qui détiennent, de façon exclusive, les systèmes d'influence; elles sont souvent influencées par l'opinion des minorités et, en réaction, peuvent modifier leurs propres opinions, valeurs et modes de comportements. Pourtant, l'efficacité d'une minorité dépend beaucoup de son style comportemental, qui définit un nouveau critère de stratégie sociale dans les règles d'influence susceptibles de produire un changement positif.

Ce chapitre sur l'influence sociale a permis de dégager un type de processus conflictuel existant entre les pressions vers l'uniformité, d'une part, et le désir d'autonomie de l'individu, d'autre part, ce qui aboutit à des formes diverses d'adaptation dont nous avons dégagé la nature et les mécanismes à travers, notamment, la conformité et l'obéissance. L'influence est donc bien un levier central dans le fonctionnement de la machine sociale, et les minorités permettent de définir en quels termes, entre autres, se pose le problème de la résistance face aux pressions sociales qui pèsent sur les individus et les groupes, et les déterminent.

LECTURES CONSEILLÉES

Ouvrages anglais

ADORNO T.W., FRENKEL-BRUNSWIK E., LEVINSON D.J., SANFORD R.N., (1950) : *The authoritarian personality.* New York, Harper and Row.

BREHM J.W., (1966) : *A theory of psychological reactance.* New York, Academic Press.

LATANE B., NIDA S., (1980) : « Social impact theory and group influence. A social engineering perspective. » In : *Psychology of groupe influence*, Paulus (P.B.) (dir.). Hillsdale, N.J. Lawrence Erlbaum.

MERTON R.K., (1949) : *Social theory and social structure; to ward the codification of theory and research.* Glencoe, The Free Press.

WHEELER L., DECI E., REIS H., ZUCKERMAN M, (1978) : *Interpersonal influence.* Deuxième édition, Boston, Allyn and Bacon.

Ouvrages français

DURKHEIM E., (1897) : *Le suicide, étude sociologique*. Paris, P.U.F., 1960.

FAUCHEUX C., MOSCOVICI S., (1967) : « Le style de comportement d'une minorité et son influence sur les réponses d'une majorité. » In : *Bulletin du C.E.R.P.*, 16, 337-360.

FESTINGER L., ARONSON E., (1965) : « Eveil et réduction de la dissonance dans des contextes sociaux ». In : *Psychologie sociale* de Lévy A. *op. cit.* 193-211.

FESTINGER L., CARLSMITH J.M., (1959) : « L'accord forcé : ses conséquences au niveau cognitif ». In : *Psychologie sociale théorique et expérimentale*, de Faucheux C.. Paris, Maloine, 1971.

LEMAINE G., DESPORTES J.P., LOUARN J.P., (1969) : « Rôle de la cohésion et de la différenciation hiérarchique dans le processus d'influence sociale ». In : *Bulletin du C.E.R.P.*, 18, 237-253.

MILGRAM S., (1974) : *Soumission à l'autorité*. Paris, Calmann-Lévy.

MONTMOLLIN G. de, (1977) : *L'influence sociale*. Paris, P.U.F.

MOSCOVICI S., (1979) : *Psychologie des minorités actives*. Paris, P.U.F.

PAICHELER G., (1985) : *Psychologie des influences sociales*. Neuchâtel, Delachaux et Niestlé.

POITOU J.P., (1974) : *La dissonance cognitive*. Paris, A. Colin.

SCHACHTER S., (1951) : « Déviation, rejet et communication ». In : *Psychologie sociale*, de Lévy A. *op. cit.*

4. *La représentation sociale*

La notion de représentation sociale occupe une place particulière en psychologie sociale : elle n'est pas encore bien reconnue comme un domaine spécifique en raison des approches behavioristes qui ont dominé les études de perception sociale et l'ont assimilé à ce courant. Par ailleurs, il s'agit d'un concept relativement récent qui n'est pas encore bien intégré, même si Durkheim avait, le premier (1898), introduit l'idée de représentation collective et fixé à la psychologie sociale la tâche d'étudier les représentations sociales.

C'est avec l'étude de Moscovici (1961) que ce concept a été élaboré; il a connu, en France, un développement marqué par diverses approches, portant notamment sur les femmes (Chombart de Lauwe, 1967), la culture chez les ouvriers français (Kaës, 1968), la santé et la maladie (Herzlich, 1969), l'espace (Milgram et Jodelet, 1976). Ces orientations ont mis en évidence *les modalités cognitives spécifiques d'élaboration de la réalité* qui définissent les représentations comme des constructions mentales du social. Dans ce chapitre, nous cernerons ce concept en le situant, d'une part, par rapport aux courants qui traitent des phénomènes de perception et de croyance sociales, d'autre part, en dégageant ses aspects les plus caractéristiques.

Le développement de ce chapitre se fera de la manière suivante. Nous présenterons d'abord quelques théories de perception sociale en montrant comment, d'une part, les individus utilisent leurs impressions d'autrui et comment, d'autre part, ils cherchent à donner aux situations et aux réactions d'autrui, des types d'explications pour établir leur connaissance du monde social. Nous aborderons ensuite l'analyse de certaines formes de perception sociale à partir des notions de préjugés et de stéréotypes. Nous développerons enfin la notion de représentation comme objet théorique spécifique, en étudiant la nature des processus en œuvre et en examinant les facteurs essentiels qui les déterminent.

A. LES THÉORIES DE LA CROYANCE SOCIALE

Comment construisons-nous le réel ? Quelle image nous faisons-nous d'autrui ? Comment pensons-nous les situations dans lesquelles nous sommes impliqués ou que nous observons de l'extérieur ? La psychologie sociale s'est intéressée aux mécanismes cognitifs par lesquels nous pensons et percevons le social. Ceux-ci seront abordés selon trois modalités distinctes : les théories implicites de personnalité, les mécanismes de formation des impressions et les processus de l'attribution.

1. Les théories implicites de personnalité

Nous organisons notre perception d'autrui en simplifiant les informations qui sont à notre disposition. Nous connaissons la réalité sociale par schématisation, c'est-à-dire par un processus d'évaluation grâce auquel, au moindre prix, nous savons ce que sont autrui et son mode de fonctionnement. Nous cherchons à placer les autres dans des catégories sommaires pour nous en faire une idée cohérente : c'est ce que traduit le concept de « théories implicites de personnalité » (Bruner et Taguiri, 1954; Schneider, 1973).

Ce concept décrit une représentation mentale sommaire dont la fonction est de maîtriser la réalité par une réduction de sa complexité et des différences qui la composent. Ce mécanisme fournit des repères capables d'organiser et d'orienter notre action dans un sens qui rend possible la prévision de certaines réactions et, donc, leur contrôle.

Les théories implicites de personnalité définissent ainsi toutes *les formes de catégorisation qui nous permettent d'appréhender les caractéristiques d'autrui, de saisir notre réaction sans trop de risques et de déterminer nos conduites à venir en fonction des idées préconçues qui se seront formées entre-temps.* Ces théories implicites de personnalité fonctionnent comme des formations apprises;

elles dépendent de plusieurs facteurs : l'expérience, la motivation et le contexte social.

1.1. L'EXPÉRIENCE

Les idées que nous nous faisons d'autrui sont d'abord formées à partir des échanges sociaux. Nous percevons les comportements d'autrui d'une manière positive ou négative, selon des règles que nous avons apprises nous-mêmes pour les comprendre. Les théories implicites de personnalité deviennent ainsi des règles objectivées, c'est-à-dire une manière de décrire la réalité, dans la mesure où ce processus est intégré au sens commun.

Décrire une entreprise comme étant composée d'un président-directeur général, de cadres, d'employés, de chefs intermédiaires et d'ouvriers, c'est établir une classification qui apparaît comme la situation normale de fonctionnement d'une organisation. C'est à travers cette façon de présenter les choses que s'acquiert le sens commun, c'est-à-dire une perception « naturelle » de ce qui constitue la réalité sociale.

1.2. LES MOTIVATIONS

Les théories implicites de personnalité sont également fonction de nos motivations, qui vont privilégier ou distordre certaines informations au détriment d'autres. De manière plus précise, ces motivations peuvent être liées à la poursuite d'objectifs personnels, et jouer, par exemple, le rôle de renforcement d'une perception. Une des premières expériences menées à ce sujet a été réalisée par Pepitone (1949) pour déterminer le lien entre motivations et changement de perception.

> Cette expérience était organisée comme un jeu, proposé à des adolescents et qui leur permettait de gagner une place pour assister à un match de basket. Les sujets étaient répartis en deux groupes. On donnait au premier l'information suivante : ce match était sans intérêt, puisqu'il s'agissait d'une équipe d'élèves du secondaire. On disait au second qu'il s'agissait d'un match important. Pour gagner une place, chaque sujet devait passer devant un jury composé de trois entraîneurs, qui lui posaient une série de questions. C'est donc l'appréciation du jury, au vu des réponses du sujet, qui indiquait s'il avait ou non gagné.
>
> En réalité, les entraîneurs étaient des compères qui adoptaient chacun une attitude bien définie : le premier était aimable, le second, neutre, et le troi-

sième, critique. A la fin de l'expérience, chaque sujet devait donner son sentiment sur le type d'approbation que les membres du jury lui avait exprimé.

Ceux qui étaient fortement motivés pour gagner une place ont évalué le membre aimable du jury comme plus approbateur que les sujets qui étaient peu motivés.

Cette étude a mis en évidence le fait que les attentes des individus conditionnent leur perception de la réalité, dans la mesure où ils recherchent, dans l'environnement et chez autrui, des informations qui les renforcent.

1.3. LE CONTEXTE SOCIAL

Les théories implicites de la personnalité sont également influencées par le contexte social, qui détermine un fonctionnement cognitif particulier : la propension à ignorer l'information sur les probabilités. Comme nous l'avons vu, les individus établissent, à partir des indices appris, des relations entre les données d'un événement ou les traits d'un comportement, afin de se constituer un jugement ou une idée; cette appréciation s'effectue habituellement à propos de situations ponctuelles. Ils ne replacent pas ces évaluations à un niveau de connaissance permettant de saisir la probabilité générale d'apparition de ces événements ou de ces comportements car ce niveau d'information n'est pas toujours disponible et n'est pas nécessairement pris en compte par les individus, comme l'ont montré Tversky et Kahneman (1980). On ne sait donc pas vraiment si le jugement est typique ou inhabituel. Ainsi notre connaissance des situations se focalise de façon privilégiée sur les événements immédiats, en négligeant le recours aux informations de probabilité générale.

Les théories implicites de personnalité représentent donc un processus cognitif complexe par lequel, en nous forgeant certaines catégories, nous cherchons à nous rendre accessibles et compréhensibles les événements et autrui. Elles constituent un type de croyance, qui se veut en même temps système explicatif, à partir des liens que nous établissons entre certains traits de personnalité, par exemple. Ces croyances, appelées encore « théories naïves », sont des explications auxquelles nous nous référons pour évaluer autrui ou nous-mêmes, et ainsi prédire ses conduites et les nôtres. Sur la base de ce processus général de catégorisation, nous pouvons examiner les mécanismes de formation des impressions.

2. Les mécanismes de formation des impressions

La formation des impressions est le processus qui consiste à caractériser une personne donnée en un ensemble organisé, à partir de traits particuliers.

2.1. L'EXPÉRIENCE DE ASCH

C'est Asch qui, l'un des premiers (1946), a développé les recherches sur la formation des impressions. Ses travaux, marqués par la psychologie de la forme, insistaient sur le fait que l'individu organise les traits de sa perception en un tout, par des processus intérieurs. D'après Asch, l'impression globale que l'on a de quelqu'un n'équivaut pas à la somme des impressions obtenues pour chaque trait particulier. Selon lui, l'individu cherche à organiser sa perception à l'intérieur d'un ensemble cohérent qui lui confère une signification.

> Dans une expérience classique, Asch (1946) a présenté à deux groupes d'étudiants une liste de traits caractéristiques censés décrire une personne donnée : intelligent, adroit, travailleur, chaleureux, froid, déterminé, pratique, prudent. Dans l'un des groupes, « chaleureux » était remplacé par « froid » : Asch considérait les termes « chaleureux » et « froid » comme des traits extrêmement importants, à partir desquels les individus pouvaient élaborer des descriptions complexes de la personnalité d'autrui. Après avoir pris connaissance de cette série d'adjectifs, les étudiants devaient faire part de leurs impressions concernant cet individu hypothétique et, ensuite, le juger à partir d'autres caractéristiques de leur choix.

Trois éléments se sont dégagés de cette expérience. D'abord, les étudiants ont organisé les différents traits en un tout cohérent. Ensuite, on a constaté dans la description de la personne une différence marquée, selon que les listes comportaient le terme « chaleureux » ou le terme « froid ». Enfin, il est apparu que les termes « chaleureux » et « froid » avaient une influence particulière sur la perception d'ensemble. Asch en a déduit que certains traits jouent le rôle d'organisateurs centraux, alors que d'autres n'ont qu'un poids secondaire. Ainsi, selon lui, il existe des traits stimuli et des traits insérés. Ce sont les premiers qui déterminent une impression globale et qui produiraient des inférences relatives à d'autres traits : par exemple, 91 % des sujets ont perçu la personne chaleureuse comme généreuse, alors que la personne froide n'a été vue ainsi que par 8 % d'entre eux. Certains traits sont donc considérés comme des organisateurs dans la mesure où ils induisent d'autres traits auxquels on les rattache, soit positivement, soit négativement.

Les résultats de l'expérience de Asch ont déclenché de nombreuses recherches qui ont modifié l'approche gestaltiste de départ.

2.2. LES ÉLÉMENTS DE FORMATION DES IMPRESSIONS

Après avoir situé l'apport des travaux de Asch, il est possible de dégager quelques facteurs qui interviennent dans la formation d'impressions.

a) Le fait que nos impressions s'organisent essentiellement en un tout s'appuie sur **un principe de cohérence**, qui les structure et peut avoir comme effet de nous rendre insensibles à un certain nombre d'événements. Si cette cohérence peut être d'ordre logique (Gollin, 1954), elle est également émotionnelle (Abderson, 1978) : les impressions que chacun a d'autrui reposent sur des éléments d'informations qui lui permettent de dégager une préférence globale quant aux sentiments qu'il éprouve.

Anderson (1978) a cherché à comprendre comment les individus parviennent à cette préférence globale. Deux modèles ont été dégagés : le premier considère qu'elle est atteinte par addition, c'est-à-dire il suffirait simplement de faire la somme des préférences relatives à une situation donnée. Le second est un modèle par moyenne, dans lequel les individus utilisent la valeur moyenne des éléments d'informations qui déterminent leur préférence globale.

b) Un autre facteur concerne **la persistance de nos premières impressions.**

> Au cours de ses premiers travaux, Asch (1946) a introduit une variante dans l'expérience décrite plus haut. Il a demandé à des sujets de donner leurs impressions globales d'une personne à partir des traits suivants : intelligente, travailleuse, impulsive, critique, entêtée, envieuse. La liste des traits a été présentée à deux groupes d'étudiants, mais en ordre inverse. Dans le premier groupe, elle débute par des traits positifs, dans le deuxième par des traits négatifs.

Les résultats ont montré que la formation des impressions s'effectuait selon l'ordre de présentation : si les traits positifs étaient mentionnés les premiers, les sujets avaient une impression globale positive. Il ressort de cette étude que les individus sont marqués par une impression première, même si une information ultérieure offre d'autres indications. Les appréciations initiales semblent donc s'imposer, ce qui permet de comprendre pourquoi nous continuons à percevoir certaines personnes comme agressives ou amicales, malgré de nouvelles informations contraires. La raison de cette persistance paraît liée au fait que les individus sont peu réceptifs à de nouvelles informations qui viennent modifier leurs premières impressions (Greenwald, 1980).

c) Dans une situation expérimentale, Snyder et Uranowitz (1978) ont voulu savoir si **le souvenir d'une information récente** pouvait être modifié pour se conformer à l'impression du moment.

> L'expérience présentait à des étudiants l'histoire d'une jeune femme : on y faisait apparaître plusieurs éléments concernant ses relations amicales, amoureuses, familiales et autres. Ultérieurement, les sujets furent avisés que cette femme était soit une lesbienne active, soit une hétérosexuelle. Une semaine après cette information on a évalué quels étaient les détails de la vie de cette femme dont ils se souvenaient. À cet effet, une liste de trente-six questions, avec réponses à choix multiples, a été mise à leur disposition.

Les résultats ont fait apparaître que les réponses étaient directement influencées par une tentative de réorganisation des détails de sa biographie visant à les rendre compatibles avec l'étiquette qu'elle avait reçue. Ainsi, les étudiants qui avaient appris que la femme était hétérosexuelle se souvenaient de faits compatibles avec ce style de vie; alors que ceux qui pensaient qu'elle était lesbienne se rappelaient ce qui allait dans ce sens.

L'interprétation de ces résultats permet de conclure qu'un individu qui reçoit une information est amené à rechercher d'autres éléments capables de renforcer son évaluation. A partir de cette expérience, nous observons que les impressions premières peuvent être réorganisées en fonction d'une catégorisation qu'elles auront tendance à renforcer.

3. Les théories de l'attribution

Dans la vie quotidienne, nous nous efforçons habituellement d'expliquer les événements en imputant leur apparition à des causes particulières. On désigne cette démarche par le terme d'attribution. Il vise à rendre compte de notre besoin de trouver des causes, mettant en évidence un type de processus cognitif qui cherche à évaluer les motivations et les intentions des individus en « mesurant » la relation entre le monde extérieur et notre réaction vis-à-vis de lui.

L'attribution peut, dans une première approximation, être définie comme un processus d'inférence causale; celui-ci consiste à comprendre le sens des actions d'autrui par une recherche d'éléments stables, d'invariants qui permettent d'expliquer des événements particuliers, changeants et directement perceptibles. L'attribution constitue un domaine d'étude de la perception sociale qui s'intéresse non seulement à la véracité de cette perception, mais au processus qui la sous-tend.

Dans ce paragraphe, nous examinerons les principales théories de l'attribution, en montrant leur spécificité dans le cadre des recherches sur la perception sociale.

3.1. LA THÉORIE DE LA PSYCHOLOGIE NAÏVE

Elle est due à Heider (1958) qui a tenté de comprendre la démarche de l'homme de la rue, quand il essaie de trouver des causes aux événements qu'il rencontre et aux actes d'autrui. Il s'agit, pour ce chercheur, d'expliquer la psychologie à laquelle nous recourons tous les jours, dans nos relations interpersonnelles.

Les premiers travaux de Heider furent influencés par ceux de Michotte (1946), qui avait dégagé l'idée de causalité phénoménale dans la perception, c'est-à-dire le fait que les individus, au cours d'une expérience dans laquelle on faisait varier la vitesse d'approche et le temps de juxtaposition de deux carrés de couleurs différentes, avaient le sentiment que l'un des carrés avait entraîné l'autre avec lui. Or cette perception s'était produite en l'absence de toute causalité physique.

A partir de ces résultats, il fit une autre expérience qui reposait sur le mouvement aléatoire de figures géométriques : les individus percevaient ces mouvements, en leur attribuant certaines intentions. Heider en a dégagé le concept de formation d'unité, qui désigne la relation existant entre l'acteur et son acte, dans la mesure où ils sont les deux pôles d'une même unité. L'existence de cette relation explique la tendance à attribuer les éléments de la conduite à la personne et à négliger les aspects qui relèvent de la situation. Pour Heider, le processus d'attribution est donc une « analyse naïve de l'action », par une recherche causale qui permet d'établir des liens entre des comportements continuellement changeants et des propriétés stables.

3.2. LA THÉORIE DE LA COVARIANCE

Kelley (1967) a élaboré un modèle qui repose sur le principe de l'analogie entre les démarches utilisées par les individus dans la vie quotidienne et celles des chercheurs en laboratoire, mais à partir d'une analyse de variance. Pour lui, l'attribution réside dans le principe de covariance, c'est-à-dire dans le fait qu'un facteur varie avec un ensemble de critères lorsqu'on veut déterminer sa cause réelle. Il existe, selon lui, trois critères essentiels sur lesquels repose le principe de la covariance.

a) Le critère du caractère distinctif : il permet de vérifier, parmi diverses sources d'informations, laquelle peut être attribuée à un comportement particulier. Si, par exemple, à la fin d'un cours un étudiant vient faire part à l'enseignant de sa difficulté de compréhension des concepts, celui-ci peut chercher une explication soit dans la présentation, soit dans le contenu, soit dans la situation, soit encore dans le comportement habituel de l'étudiant. Le caractère distinctif permet donc de déterminer quelle information est sélectionnée comme cause de l'attribution.

b) Le critère du consensus : il consiste à déterminer le taux de réaction identique d'un nombre élevé d'individus par rapport à un stimulus donné. Ainsi, l'attribution de causalité à ce stimulus sera d'autant plus élevée qu'il existe un consensus dans la réponse des gens par rapport à lui.

Le critère du consensus est considéré comme un facteur d'influence des conduites dans la mesure où les individus le prennent en considération, lorsqu'il est parfaitement explicite. Il est considéré comme un facteur d'influence des jugements que l'on porte sur autrui, dans la mesure où il produit une plus grande confiance dans ses jugements propres. Il en résulte que lorsqu'un grand nombre d'individus adopte des comportements identiques (dans le comportement vestimentaire : le port du jean, par exemple) ceux-ci auront tendance à être vus comme ayant une cause externe plutôt qu'une cause interne.

c) Le critère de la consistance : il a pour objet de définir la permanence des réponses dans le temps et à travers la variété des situations. Il permet de déterminer si les réactions produites persistent dans le temps, quelles que soient les situations. Ainsi, plus une information provoque de façon constante une réponse donnée, et plus l'élément causal de l'attribution est élevé.

Selon Kelley, ces trois critères n'ont pas la même importance dans les différentes situations. Il a notamment cherché à définir le processus de choix entre eux. Il montre d'abord que l'attribution de la causalité peut résider dans une combinaison des trois critères, mais que, dans le cas où une explication plausible et suffisante par une seule cause intervient, toute autre explication possible est écartée. Kelley nomme ce processus principe d'élimination.

L'intérêt du modèle de l'attribution de Kelley est d'envisager l'éventualité d'un recours à différents critères, qui n'ont pas le même poids, au moment du choix de l'attribution, et de permettre ainsi d'élaborer une explication en fonction d'une sélection de possibles.

3.3. LA THÉORIE DE L'INFÉRENCE CORRESPONDANTE

Jones et Davis (1965) ont développé le concept d'*inférence correspondante* pour étudier comment les individus tirent un certain nombre de déductions des intentions d'une personne. Leur théorie s'appuie sur le fait que l'on attribue à un individu une intention à partir d'un seul comportement ou d'un trait particulier. Ainsi, celui qui observe un comportement postule que son auteur sait ce qu'il fait et qu'il est en mesure de décider des effets de ses actions. Cette théorie dégage deux facteurs dans la formation des inférences correspondantes.

Le premier est celui des « *effets non communs* » : la disposition personnelle qui guide nos actions peut être déterminée en isolant les effets particuliers de plusieurs actions possibles. Ceux-ci servent donc à expliquer l'attribution, les effets communs étant éliminés, puisqu'ils n'apportent pas d'informations de nature à orienter le choix.

Le second facteur concerne « *l'idée d'action désirable* », c'est-à-dire celle qui, aux yeux de l'observateur, est censée se produire ailleurs dans les mêmes situations. En réalité, cet élément de désirabilité sociale, qui montre la relation entre effets normalement désirables et expressions des intentions, ne permet guère d'appréhender les traits d'un comportement. Dans ces conditions, il s'agit de rechercher les actions non communément désirables, car elles ont un caractère informatif plus grand. Ce facteur indique, en réalité, la faible valeur informative du comportement socialement désirable.

Cette théorie a mis en évidence de quelle manière nous procédons pour établir la cause d'une intention et pour opérer des inférences afin de trouver des raisons à nos actes et à ceux d'autrui.

Les théories de l'attribution se présentent donc comme une analyse du système cognitif en œuvre dans les explications que les individus, dans la vie quotidienne, avancent au sujet de leurs propres comportements et de ceux des autres. Elles montrent, en outre, que ces explications que nous recherchons ne dépendent pas seulement de nos jugements individuels, mais aussi de notre comportement social.

B. LES MODALITÉS DE LA PERCEPTION SOCIALE : PRÉJUGÉS ET STÉRÉOTYPES

L'analyse des notions de préjugé et de stérétotype, qui sont des notions classiques en psychologie sociale, permet de saisir une des modalités d'expression de nos systèmes perceptifs et de préciser les mécanismes d'élaboration mentale et sociale du réel, ainsi que le fonctionnement des opinions et des croyances sociales.

1. Définitions et caractéristiques

Préjugés et stéréotypes entretiennent entre eux des relations étroites. Les psychologues sociaux ont tenté de les définir comme les deux composantes d'un même processus, qui consiste globalement à schématiser la réalité sociale.

Dans ces conditions, *le préjugé* peut être défini comme une attitude de l'individu comportant une dimension évaluative, souvent négative, à l'égard de types de personnes ou de groupes, en fonction de sa propre appartenance sociale. C'est donc *une disposition acquise dont le but est d'établir une différenciation sociale.* D'une façon sommaire, on peut dire que le préjugé est une discrimination. Cette conception permet de distinguer deux composantes essentielles : l'une cognitive et l'autre comportementale. Le préjugé présente les caractéristiques de toute attitude; en tant que tel, il est le fruit d'une combinaison entre une croyance et une valeur (Rosenberg, Abelson, 1960).

Le stéréotype, terme créé par Lippmann (1922), *désigne les catégories descriptives simplifiées par lesquelles nous cherchons à situer autrui ou des groupes d'individus.* Le terme de stéréotype qui, étymologiquement, signifie caractère solide, du grec, *stereos* (solide) et *typos* (caractère), a été introduit en psychologie sociale pour définir les phénomènes de croyances et de représentations. Si, pour Lippmann, les stéréotypes sont ces « images dans nos têtes », qui s'intercalent entre la réalité et notre perception, en provoquant une schématisation, ce concept désigne aujourd'hui de manière large l'ensemble des catégories dans lesquelles nous plaçons les autres.

De ce point de vue, les stéréotypes constituent un mécanisme important de maintien des préjugés. Alors que les préjugés sont des attitudes qui comportent un cadre d'expression très large, les stéréotypes se traduisent généralement dans des conduites verbales. Si le stéréotype se caractérise par son uniformité, le préjugé a un caractère d'appréciation plus vaste qui intègre un ensemble de stéréotypes divers, relatifs à la race, au sexe, à la religion ou à une classe sociale donnée. En définitive, le préjugé exprime le caractère structural des représentations sociales, alors que les stéréotypes désigneraient leur caractère fonctionnel.

2. Processus de formation

Les préjugés et les stéréotypes sont des élaborations mentales apprises. Nous présenterons les théories relatives, d'une part, à l'élaboration cognitive des stéréotypes et, d'autre part, à la genèse des préjugés, qui découle notamment des processus de socialisation et des phénomènes de scolarisation.

2.1. L'ÉLABORATION DES STÉRÉOTYPES

L'élaboration de stéréotypes a été mise en évidence par les travaux de Tajfel (1978).

Il a projeté à des élèves, qui ne se connaissaient pas, des diapositives sur lesquelles figuraient des tableaux abstraits répartis de façon totalement aléatoire; il les a ensuite répartis en petits groupes et leur a demandé d'exprimer leurs préférences par rapport à ce qu'ils ont vu.

Les résultats montrent que les individus expriment leurs préférences en fonction du groupe dans lequel ils se trouvent et qu'ils adoptent alors des comportements de discrimination qui sont liés à cette insertion.

En s'appuyant sur ces expériences, Leyens et Schadron (1980) ont essayé de déterminer si la discrimination est moins marquée, quand on demande à des individus de juger d'autres individus isolées, plutôt que des groupes.

> L'expérience consistait à proposer à deux individus ou à deux groupes une activité créatrice, en l'occurrence, la réalisation de la photo la plus originale possible d'un décor. Une fois la tâche accomplie, les photos étaient évaluées, et on indiquait à l'individu et au groupe lequel avait réussi la meilleure performance.

Il est apparu que la discrimination était beaucoup plus marquée au niveau des groupes qu'à celui des individus isolés. Par conséquent, le facteur discriminatoire semble dépendre de l'appartenance à un groupe plutôt que des conditions individuelles.

L'élaboration cognitive des stéréotypes paraît étroitement liée à la situation collective des individus, qui développent des positions de discrimination par rapport à un objet donné en fonction de leur appartenance catégorielle. En outre, les conditions d'apparition du stéréotype ne tiennent pas à un choix arbitraire ou à la perception objective, mais à la schématisation des traits proposés. On constate notamment que le stéréotype est toujours négatif si les contacts entre groupes sont compétitifs; à l'inverse, il est plutôt positif quand les échanges entre les groupes mis en présence sont coopératifs.

Ainsi, ces expériences indiquent que le stéréotype se développe toujours sur un arrière-fond de situation sociale; de manière plus précise, son apparition est directement déterminée par les modalités de relations intergroupes.

2.2. LA GENÈSE DES PRÉJUGÉS

Si l'élaboration des stéréotypes se définit comme un processus de rationalisation de certaines caractéristiques à l'égard d'un groupe dans une société donnée, la genèse des préjugés est liée à des facteurs d'apprentissage social plus large que nous présenterons maintenant.

a) Socialisation et émergence des préjugés : le développement des préjugés va de pair avec celui des attitudes. Leur genèse s'apparente aux phénomènes de socialisation. C'est pourquoi ils résultent d'un apprentissage social : dans leur développement, ils sont en premier lieu conditionnés par le milieu familial et, plus particulièrement, par le modèle que les parents constituent au départ comme source privilégiée de connaissance pour l'enfant. C'est à travers eux que le monde lui est expliqué et qu'il tente de répéter ce qu'ils lui montrent. Les enfants apprennent donc les comportements sociaux en observant les autres et en les imitant : par ce processus ils acquièrent les attitudes et, surtout, les préjugés de leurs parents.

Le lien entre l'importance de cette marque parentale et les préjugés a été mis en évidence par la recherche sur la personnalité autoritaire (Adorno et coll., 1950). Cette étude était à l'origine une recherche sur les motifs de l'antisémitisme, afin de dégager s'il existait des types d'individus particulièrement antisémites. En réalité, ces travaux ont révélé qu'il existait non pas des types d'individus, mais un type de personnalité — la personnalité autoritaire — dont la caractéristique n'était pas seulement d'être antisémite, mais de manifester une aversion et une hostilité à l'égard de tous les groupes minoritaires. Une telle personnalité se manifeste par des traits particuliers. Il s'agit d'individus qui ont une forte tendance à se rallier à tous les leaders, sans aucune hésitation. Ils défendent les valeurs prônées par ces leaders, politiques ou religieux. Ils adoptent leurs modes de vie conventionnels et se montrent très critiques envers tout ce qui ne l'est pas.

Une méthode pour mesurer la personnalité autoritaire a été mise au point et désignée sous le nom d'échelle « F » (« F » comme fasciste). Les principaux critères retenus étaient les suivants : rigidité des modes de pensée de l'individu; insensibilité aux changements de comportements chez les autres ou aux événements qui ne renforcent pas sa propre perception; recours précipités à des normes dans des conditions de grande ambiguïté; perception d'images réelles dans des situations où les stimuli sont ambigus; a priori positifs en faveur de la police; a priori négatifs contre la prostitution; soumission à toute influence venant d'un statut social plus élevé que le sien; tendance à donner des verdicts sévères lors de jugements judiciaires.

Les recherches sur la personnalité autoritaire ont permis de déterminer les conditions d'apparition de ces préjugés dans la mesure où les effets de la marque parentale sont devenus manifestes. Elles ont montré que les individus apprennent de leurs parents les attitudes de base vis-à-vis de l'autorité et des groupes minoritaires. Il semble que ces éléments acquis aient tendance à se perpétuer et à se régénérer. Les expériences des premières années de la vie peuvent donc être d'une grande importance dans la formation des préjugés : les enfants apprennent à penser, à voir et à évaluer comme leur entourage.

Ainsi que nous l'avons vu, le préjugé s'apparente étroitement à l'attitude et, comme elle, il est le fruit des divers conditionnements auxquels elle est soumise. Tout comme l'attitude, le préjugé s'apprend et, d'une certaine manière, se désapprend : il peut apparaître, exercer une influence à certains moments de la vie et s'atténuer ou disparaître à d'autres.

b) **Scolarisation et développement des préjugés** : la scolarisation est un autre facteur de formation des préjugés. Elle s'intègre dans l'ensemble des influences qui déterminent nos pensées et nos actions, en fonction des contextes dans lesquels nous sommes amenés à évoluer. La scolarisation et son impact seront présentés ici à partir d'une analyse des préjugés véhiculés par les manuels scolaires (David, 1982).

L'étude porte sur les préjugés concernant la Suisse, à partir de l'examen d'un certain nombre de manuels de géographie de l'enseignement secondaire français.

L'hypothèse est qu'une grande partie de la représentation que les Français se font du monde en général, des autres pays et de la Suisse en particulier, provient de l'école et du collège.

Le choix de la Suisse semble d'autant plus justifié que les informations sur ce pays sont relativement rares dans la presse écrite et audiovisuelle française. L'analyse concerne les programmes de quatrième et de terminale qui ont été vigueur pendant une dizaine d'années. La méthodologie consiste en une lecture critique de ces programmes, à partir d'une grille permettant de classer les différents thèmes abordés, selon qu'ils apportent une image valorisante ou dévalorisante du pays, des hommes et des activités.

Les traits qui se dégagent sont globalement positifs et présentent d'abord la Suisse comme le symbole de la démocratie, puis comme un pays accueillant. Le système fédératif, par exemple, apparaît comme le garant d'une démocratie qui se rattache à la « sagesse paysanne » et à une « hérédité terrienne ». Ces formulations, souvent vagues, témoignent d'un discours banalisé qui se réfère à une conception virgilienne du fonctionnement social. La neutralité est un autre trait sur lequel les manuels insistent, en soulignant son importance comme facteur d'enrichissement, pendant que les autres pays européens se détruisaient et s'appauvrissaient. En conséquence logique de ce modèle, la Suisse est présentée comme une terre de tolérance et d'accueil, aussi bien pour les institutions internationales, avec comme symbole la Croix Rouge, que pour les exilés politiques.

L'imbrication de ces traits se trouve parfaitement résumée dans un des manuels : « le pays bénéficie d'une paix permanente qui en fait non seulement un Etat prospère, mais le refuge de tous les persécutés, comme des capitaux, à la recherche d'un abri sûr » (Bordas).

Dans le domaine économique et financier, ces programmes présentent un pays peu favorisé par la nature, mais qui bénéficie du travail et de l'ingéniosité méticuleuse de sa population : « c'est actuellement un îlot de prospérité et de bien-être dans un monde inquiet ou en crise » (Belin). Au handicap de la rareté des richesses naturelles, des reliefs contraignants et du climat rude, les manuels opposent une image valorisante du travail et de la qualité humaine de la main-d'œuvre : « ce sont les hommes qui ont fait la richesse de la Suisse » (Belin). L'image de l'industrie est marquée par la qualification élevée, qui permet la fabrication hautement spécialisée de produits de luxe, de qualité (l'horlogerie, par exemple), ainsi qu'une organisation économique efficace. Enfin, la Suisse est décrite comme une puissance bancaire, « le coffre-fort des fortunes » (Belin) : ce terme fait curieusement référence au vocabulaire utilisé dans la description du relief, où le pays est qualifié de forteresse.

L'insistance des ouvrages sur le rôle des banques ou des sociétés financières suisses comporte une grande ambiguïté, dans la mesure où la prospérité et l'enrichissement sont présentés comme des valeurs positives qui suscitent l'admiration, mais qui, en même temps, font naître l'envie et parfois le mépris. Ces sentiments ambivalents demeurent l'exception, et ce sont les images valorisantes qui l'emportent de très loin. Elles créent des préjugés diffusés par l'école, à travers les manuels, mais également entretenus par la pensée populaire. Cette dernière peut, en conséquence, justifier ses sentiments d'envie ou même de jalousie par rapport à ces contenus très valorisants. Dans cette optique, on peut également comprendre le ton inhabituellement moralisateur des manuels : la Suisse devient un exemple de labeur, d'esprit d'initiative, du goût du travail bien fait, malgré des conditions naturelles difficiles.

Cette analyse montre que les manuels scolaire sont un relais privilégié d'apprentissage des préjugés et qu'ils opèrent comme des équivalents contemporains des fables anciennes, venant ainsi façonner les esprits et nourrir la pensée sociale. La scolarisation est l'une des formes de développement du préjugé et de son maintien. Le préjugé est donc une représentation acquise, qui s'apprend d'abord par l'intériorisation des modèles parentaux. Ensuite, tout au long de la vie, l'influence des groupes, des institutions et du contexte social dans lequel nous vivons, cultive nos idées préconçues et les perpétue.

3. Fonctions

Nous allons examiner maintenant pourquoi les individus entretiennent des préjugés et des stéréotypes, afin d'en dégager quelques-unes des fonctions essentielles.

3.1. LA DIFFÉRENCIATION SOCIALE

Le stéréotype constitue un mécanisme important de maintien du préjugé et, à ce titre, tous deux assurent une fonction essentielle de discrimination. Les psychologues sociaux se sont notamment intéressés aux effets psychologiques liés aux processus inégalitaires, au niveau social, éducatif ou économique. La fonction discriminatoire se manifeste d'abord par une modification de l'image de soi-même.

Lewin (1941) avait observé que les Juifs s'étaient forgés une représentation détestable d'eux-mêmes, à force d'être victimes de discriminations : au lieu de diriger vers l'extérieur, pour s'y opposer, les préjugés dont ils ont été l'objet, ils les ont en quelque sorte incorporés.

Les travaux de Clark (1947) ont été parmi les premiers à montrer la dévalorisation de l'image en soi comme effet de la discrimination.

L'expérience s'adressait à des enfants noirs âgés de trois à sept ans, auxquels on présentait des paires de poupées dont l'une était brun foncé et l'autre, plutôt pâle. Les enfants étaient invités à exprimer leur préférence de plusieurs manières : quelle était la poupée la plus belle ? celle qui avait l'air méchant ? celle avec laquelle ils désiraient jouer ? etc.

Cette étude a montré que les enfants noirs avaient une aversion injustifiée à l'égard des poupées qui leur ressemblaient le plus : dans leur grande majorité (deux tiers), ils étaient attirés par la poupée pâle. Les chercheurs ont interprété ce phénomène comme un mépris déguisé, dirigé contre soi-même.

D'autres travaux ont cherché à déterminer quels étaient les traits stéréotypés valorisés par les hommes et les femmes, en s'appuyant sur une enquête auprès de mille adultes (Rosenkrantz et coll., 1968). Les informations recueillies ont permis de dégager des traits typiquement associés aux hommes et aux femmes : parmi ceux des hommes, on peut noter l'indépendance, l'objectivité, la logique, l'activité, l'ambition, la confiance en soi; parmi ceux des femmes, on peut retenir la loquacité, la douceur, l'intérêt pour l'apparence, le besoin de sécurité.

L'intérêt de cette recherche résidait en réalité dans une évaluation ultérieure qui a fait apparaître que ce sont les traits typiquement associés aux hommes qui sont considérés, par la grande majorité, comme les plus valorisants; ce, y compris pour les femmes, qui indiquent des traits masculins, quand on leur demande de fixer des traits valorisants à leurs yeux. Non seulement les femmes se reconnaissent plus volontiers dans les traits stéréotypés valorisant les hommes, mais elles trouvent également que des traits négatifs, associés aux femmes, sont des traits appropriés (Williams et Bennet, 1975). Ces études ont montré que le grand nombre de traits masculins fortement valorisés, autant par les hommes que par les femmes, et le peu de traits féminins valorisés par les deux, étaient des facteurs discriminants dans la perception de soi : comme les traits féminins ont des connotations négatives plus nombreuses, ils sont associés à une image de soi moins valorisante.

La discrimination est un processus interactif qui oriente le comportement vers une justification des attitudes qui ont présidé à la discrimination. Dans ce sens, le préjugé agit comme un type de sollicitation, et la discrimination est considérée comme un processus réactif à une attente. Elle apparaît alors comme un élément de conformisation opérée par la représentation sociale, dans la mesure où les individus s'ajustent à la perception qu'ils ont des attentes d'autrui à leur égard.

3.2. L'EFFET PYGMALION

Ces phénomènes ont été particulièrement observés dans le système scolaire et sont connus sous le nom d'effet Pygmalion. L'effet Pygmalion est un processus qui consiste à créer chez autrui des attentes qui sont, en fait, le résultat d'une perception plus ou moins claire que nous avons à son sujet. Rappelons que le terme de « Pygmalion » vient de la légende d'un sculpteur grec qui s'est épris de la statue qu'il avait lui-même créée; il la trouva d'une si grande beauté qu'il en tomba amoureux et qu'elle devint vivante. L'expérience qui définit l'effet Pygmalion a été réalisée par Rosenthal et Jacobson (1968) dans une classe d'école primaire.

> La première phase se déroula à la rentrée scolaire et consistait à faire passer un test d'épanouissement intellectuel aux élèves. Les instituteurs furent informés qu'il permettrait de dégager une probabilité sur les possibilités de développement intellectuel d'un enfant dans un avenir rapproché. Les tests furent corrigés et les instituteurs avertis des résultats concernant certains écoliers qui devraient connaître un développement particulièrement positif sur le plan intellectuel au cours de l'année scolaire.
>
> En réalité, les écoliers que l'on présentait comme ayant ce potentiel intellectuel important et des chances de le voir se développer, avaient été sélectionnés au hasard et représentaient 20 % de chaque classe. Par ces informations, l'équipe de chercheurs a créé, chez les instituteurs, une attente positive à l'égard d'une partie des écoliers de chaque classe, tout en n'en formulant aucune à l'égard des autres. Le but de la démarche était de vérifier l'hypothèse selon laquelle les attentes arbitrairement créées induiraient des attitudes discriminatoires, tendant en l'occurrence à soutenir la performance intellectuelle de ces écoliers.
>
> Pour mesurer l'effet de ces attentes discriminatoires, les chercheurs ont fait passer d'autres tests de quotient intellectuel, à intervalles réguliers au cours de l'année scolaire, soit quatre, huit et vingt mois après le début de l'expérience, et cela sur la base des résultats scolaires et des évaluations faites par les instituteurs pour chaque enfant.

Le premier test (quatre mois après le début de l'expérience) laissait clairement apparaître un quotient intellectuel plus élevé chez les enfants qui faisaient l'objet d'une attente positive de la part des instituteurs. Cela fut confirmé dans les tests suivants, qui indiquaient une différence de dix à quinze points dans le niveau de quotient intellectuel de ces enfants par rapport à ceux du groupe témoin.

Malgré les controverses soulevées par cette expérience, les résultats ont d'abord confirmé le fait que les attitudes positives des instituteurs à l'égard de certains écoliers entraînaient de leur part des évaluations et des notes élevées. A l'inverse, les enfants envers lesquels il n'existait pas d'attente positive étaient évalués comme moins performants et, donc, n'ayant que des chances de réussite beaucoup plus faibles. Par ailleurs, la croyance des instituteurs dans les performances de certains élèves se traduisait de fait chez ceux-ci par une augmentation du quotient intellectuel.

Autrement dit, les performances intellectuelles « objectivement » plus élevées, à la fin de l'année, que celles des élèves du groupe témoin, étaient déterminées non pas par une plus grande intelligence, mais par le fait que les instituteurs s'attendaient à ce que ces enfants réussissent mieux que les autres. En outre, cette recherche a permis de retenir plusieurs facteurs explicatifs de l'effet Pygmalion.

— Tout d'abord, l'existence d'un système de relations préférentielles entre les instituteurs et certains élèves, qui s'est traduit par des comportements spécifiques de la part des instituteurs : ils sourient, montrent une attitude positive, fixent plus longtemps certains élèves que d'autres.

— Ensuite, la distribution inégale de l'information à l'intérieur de la classe : les instituteurs orientent les élèves qu'ils préfèrent vers des matières plus difficiles; on constate également un soutien plus sélectif à l'apprentissage; les instituteurs sont plus patients avec leurs élèves favoris et leur donnent plus souvent l'occasion de s'exprimer.

— Enfin, une modulation dans les corrigés des devoirs; les instituteurs apprécient de manière plus constante et plus précise les travaux de leurs élèves favoris.

L'effet Pygmalion permet ainsi de saisir un autre processus de différenciation, en montrant l'importance du pouvoir des représentations sociales pour changer le comportement. Cet effet ne se produit pas uniquement en milieu scolaire; il intervient dans toutes les situations sociales dans lesquelles nous évaluons « objectivement » les qualités ou les performances d'autrui, en fonction d'attentes elles-mêmes déterminées et orientées positivement ou négativement à leur égard.

3.3. LA JUSTIFICATION SOCIALE

La justification sociale est une autre fonction assurée par les préjugés et les stéréotypes. Elle est illustrée par un ensemble de travaux effectués par Sherif (1953, 1955, 1961), qui ont porté sur la compétition intergroupes dans des camps de vacances pour garçons. Ces recherches avaient pour but de déterminer le rôle des conflits intergroupes dans la formation des préjugés.

> L'une d'elles a été menée dans un camp connu sous le nom de « la taverne des voleurs ». Il était composé de deux groupes distincts de garçons, qui ne se connaissaient pas entre eux avant d'y venir. Ces groupes ont eu, d'abord, des activités différentes au cours desquelles ils ont défini leur propre fonctionnement interne. Ensuite, les chercheurs proposèrent d'organiser, entre eux, des jeux de compétitions.

On observa alors que les deux groupes établirent des distinctions nettes entre eux et les autres; pour chacun, le groupe auquel il appartenait était considéré comme le meilleur, et les deux équipes commencèrent rapidement à se détester. On put remarquer que les enfants s'étaient forgés des stéréotypes dont on repérait la fonction sociale de justification et, même, d'anticipation des conflits.

A partir des observations fournies, plusieurs conclusions s'imposèrent.

— Tout d'abord, les préjugés fonctionnent comme des normes de groupe, qui créent un ensemble d'attitudes défavorables à l'égard de l'extérieur. Cela a pour effet de sanctionner tout membre qui manifesterait une attitude positive à l'égard d'un membre de l'autre groupe.

— Ensuite, le développement de préjugés s'accompagne d'un sentiment de supériorité et de valorisation de soi-même. Ce renforcement du sentiment de sa propre valeur peut se traduire de plusieurs façons : plus grande confiance en soi, sentiments de cohésion et de puissance qui permettent à chaque membre de s'attribuer les qualités qu'il découvre chez le groupe dans son ensemble.

— Enfin, le système de gratification que les membres du groupe déploient entre eux peut être interprété par des groupes extérieurs comme un sentiment ethnocentrique, c'est-à-dire un sentiment de supériorité exagéré, à travers lequel ils s'affichent comme les meilleurs dans tous les domaines.

Dans ces conditions, l'expression de formes de solidarité et de camaraderie est déchiffrée par l'extérieur comme une mise à l'écart des autres, qui consiste en particulier à mettre à distance et à exclure tous ceux qui ne sont pas reconnus comme faisant partie du groupe. Cette recherche a le mérite de faire apparaître que les préjugés et les stéréotypes permettent au groupe de s'affirmer en créant les éléments qui le différencient des autres et, par là, produisent sa cohésion : en se vivant comme un groupe à part, il peut dès lors justifier ses propres croyances en la valeur des sentiments qu'il développe quant à lui-même.

La fonction des préjugés et des stéréotypes correspond à la réduction du coût psychologique d'une représentation. Pour les tenants de la psychanalyse, les préjugés sont considérés comme des systèmes de défense qui visent surtout à réduire l'angoisse; pour les anthropologues, ce sont des résidus produits par l'apprentissage social. Pour la psychologie sociale, ce sont des processus mentaux permettant de vivre socialement à un moindre coût psychologique; ils constituent donc un système de régulation sociale, dans la mesure où les schématisations opérées aident les individus à se faire une idée des choses et à réaliser des choix sans trop de risques.

4. Importance et valeur

La question maintes fois soulevée à propos des stéréotypes est celle de savoir s'ils ont un fondement objectif. Selon Allport (1954), *la plupart des stéréotypes contiennent ce qu'il a appelé un « noyau de vérité »*. En fait, le fond d'exactitude objective des préjugés résulte d'une construction sociale. Le noyau de vérité est donc le produit d'une schématisation; les préjugés créent et entretiennent de la sorte la réalité sociale. Ils ne visent pas une objectivité scientifique mais, pour reprendre un concept utilisé par Lévi-Strauss (1958) dans un autre contexte, une « efficacité symbolique ». Dans ce sens, ils représentent une justification de « notre » vérité, c'est-à-dire de nos idées et de notre vision des choses, par un système d'explication qui fonde intellectuellement nos croyances.

Une deuxième valeur importante des préjugés réside dans *leur nature relationnelle*. A partir des travaux de Hamilton et Bishop (1976), on peut constater que les préjugés font apparaître très nettement la surestimation de traits inhabituels dans un groupe minoritaire et la sous-estimation de ces mêmes caractéristiques dans un groupe majoritaire. En tant que système relationnel, les préjugés constituent « une illusion de corrélation », dans la mesure où nous n'établissons pas forcément de relations entre les caractéristiques objectives en présence.

La nature relationnelle des préjugés a également une autre valeur, du fait qu'ils forment un élément de l'interaction sociale : dans ce sens, *ils permettent une vie sociale établie sur des perceptions partagées mais partiellement inexactes* et, sous cet angle, ils rendent possible une cohabitation sociale, dans la mesure où ils sont fondés sur une croyance générale que les gens ne sont pas toujours aussi mauvais qu'on le dit. A cet égard, ils jouent également comme nous l'avons vu, un rôle de facilitateur, comme réducteur partiel des conflits. Ils ont de ce fait une utilité sociale qui résulte de la distorsion qu'ils imposent à nos croyances, en les fondant sur des vérités partielles et donc partiales. C'est donc la distorsion qu'ils imposent à la réalité qui fait des préjugés l'expression de la vérité commune; ils instaurent ainsi la cohérence dans le monde social, en étant les garants de « l'ordre des choses ».

C. LA REPRÉSENTATION SOCIALE

La représentation peut être considérée, au sens large, comme une façon d'organiser notre connaissance de la réalité, elle-même construite socialement. Une telle connaissance s'élabore à partir de nos propres codes d'interprétation, culturellement marqués, et elle constitue en ce sens un phénomène social en soi. De ce point de vue, le processus de représentation introduit un caractère de différenciation dans les logiques sociales et les traits individuels. Il donne lieu à une construction ou reconstruction de la réalité en intégrant de manière spécifique la dimension psychologique et la dimension sociale.

Nous présenterons d'abord quelques éléments de définition; nous développerons ensuite certaines caractéristiques de la représentation; nous décrirons enfin quelques aspects de son fonctionnement.

1. Eléments de définition

Le terme de représentation désigne, dans un sens large, une activité mentale à travers laquelle on rend présent à l'esprit, au moyen d'une image, un objet ou un événement absent. La représentation a été l'objet de définitions diverses dont nous retiendrons les plus significatives.

1.1. PIAGET (1926)

Il s'agit « soit d'une évocation des objets en leur absence, soit, lorsqu'elle double la perception en leur présence, de compléter les connaissances perceptives en se référant à d'autres objets, non actuellement perçus. Si la représentation prolonge en un sens la perception, elle introduit un élément nouveau qui lui est irréductible : un système de significations comprenant une différenciation entre le signifiant et le signifié ». Pour Piaget, la représentation, au sens direct, se réduit à l'image mentale.

1.2. MOSCOVICI (1961)

La représentation sociale est « un système de valeurs, de notions et de pratiques relatives à des objets, des aspects ou des dimensions du milieu social, qui permet non seulement la stabilisation du cadre de vie des individus et des groupes, mais qui constitue également un instrument d'orientation de la perception des situations et d'élaboration des réponses ».

1.3. HERZLICH (1969)

A partir d'une étude sur la représentation sociale de la santé et de la maladie, cet auteur la définit comme un processus de construction du réel. Selon elle, « l'accent mis sur la notion de représentation vise à réintroduire l'étude des modes de connaissances et des processus symboliques dans leur relation avec les conduites ».

1.4. JODELET (1984)

« Le concept de représentation sociale désigne une forme de connaissance spécifique, le savoir de sens commun, dont les contenus manifestent l'opération de processus génératifs et fonctionnels socialement marqués. Plus largement, il désigne une forme de pensée sociale.

Les représentations sociales sont des modalités de pensée pratique, orientées vers la communication, la compréhension et la maîtrise de l'environnement social, matériel et idéal. En tant que telles, elles présentent des caractères spécifiques au plan de l'organisation des contenus, des opérations mentales et de la logique. Le marquage social des contenus ou des processus de représentation est à référer aux conditions et aux contextes dans lesquels émergent les représentations, aux communications par lesquelles elles circulent, aux fonctions qu'elles servent dans l'interaction avec le monde et les autres. »

1.5. DÉFINITION PROPOSÉE

La définition que nous proposons est la suivante : *la représentation sociale est un processus d'élaboration perceptive et mentale de la réalité qui transforme les objets sociaux (personnes, contextes, situations) en catégories symboliques (valeurs, croyances, idéologies) et leur confère un statut cognitif permettant d'appréhender les aspects de la vie ordinaire par un recadrage de nos propres conduites à l'intérieur des interactions sociales.*

2. Caractéristiques

A partir de ces éléments de définition de la représentation sociale, on peut dégager quelques caractéristiques générales, concernant à la fois sa structuration et son contenu.

2.1. AU NIVEAU DE LA STRUCTURATION

a) En tant que processus, la représentation est tout d'abord **la transformation d'une réalité sociale en un objet mental**. De ce point de vue, elle n'est jamais un simple décalque, elle ne restitue pas dans leur intégralité les données matérielles, mais les sélectionne et les distord, en fonction de la position qu'occupent les individus dans une situation sociale donnée et des relations qu'ils ont avec autrui.

b) La représentation est également un **processus relationnel**. C'est une élaboration mentale qui se joue *en fonction de* la situation d'une personne, d'un groupe, d'une institution, d'une catégorie sociale, *par rapport à* celle d'une autre personne, groupe ou catégorie sociale. C'est donc un médiateur de la communication sociale, dans la mesure où celle-ci s'appuie sur les objets sociaux ainsi transformés pour les inscrire dans le système social comme des éléments d'échanges.

c) Il s'agit aussi d'un processus de **remodelage de la réalité**, en tant qu'il a pour but de produire des informations signifiantes. Ce n'est donc plus l'adéquation au réel qui est en cause, même si elle est recherchée, mais la recréation de la réalité. La représentation apparaît ainsi comme une élaboration dynamique : elle est inachevée et, en même temps, elle est produite par l'individu ou le groupe qui l'énonce. Elle se présente, à ce niveau, comme la reprise et l'intériorisation des modèles culturels et des idéologies dominantes en œuvre dans une société.

d) La transformation opérée par les représentations se traduit comme un **travail de naturalisation de la réalité sociale**, car elle interprète les éléments sociaux en les biaisant. Elle peut apparaître, dans ces conditions, comme l'inventaire d'un ensemble d'évidences. La représentation s'impose, au bout du compte, comme un « donné perceptif » (Herzlich). Elle fonctionne comme une réduction élaborée de la réalité qui a pour rôle d'en effectuer une présentation revue et corrigée, en l'allégeant du caractère ambigu et pesant qu'elle a pour nous. L'évidence fait donc de la réalité une chose simple; elle réfère la représentation à un modèle implicite du fonctionnement mental qui est supposé logique, c'est-à-dire rationnel et, par conséquent, non parasité par des éléments immaîtrisables.

2.2. AU NIVEAU DU CONTENU

Les caractéristiques de la représentation sont également liées à son contenu.

a) Le contenu de la représentation est tout d'abord cognitif : il s'agit d'un ensemble d'informations, relatives à un objet social, qui peuvent être plus ou moins variées, plus ou moins stéréotypées, plus ou moins riches. Ainsi, dans la représentation sociale de la psychanalyse, Moscovici avait observé que les ouvriers interrogés ne possédaient qu'une faible information sur ce qu'elle était, alors que les classes moyennes et les professions libérales disposaient d'informations plus nombreuses et plus précises.

b) Ensuite, le contenu de la représentation est marqué par son caractère signifiant : elle est, selon Moscovici, définie par un rapport figure/sens qui exprime une correspondance entre ces deux pôles. Ainsi, les significations passent par des images et ces images produisent des significations. Dans une représentation, le caractère significatif n'est donc jamais indépendant de son caractère figuratif (Moscovici, 1969).

c) **Enfin, la représentation a un contenu symbolique** directement lié à l'aspect précédent. Le symbole constitue un élément de la représentation, dans la mesure où, d'une part, l'objet présent désigne ce qui est absent de nos perceptions immédiates et, d'autre part, ce qui est absent prend signification en s'appuyant sur lui et en lui conférant des qualités qui l'investissent de sens. De ce point de vue, le contenu symbolique des représentations se réfère à la structure imaginaire des individus et constitue un de ses modes d'expression où la réalité, selon l'interprétation psychanalytique est, construite par les désirs, les attentes et les sentiments que nous projetons sur elle.

3. Fonctions

Après avoir dégagé quelques caractéristiques essentielles de la représentation sociale, nous présenterons ses principales fonctions, en étudiant les processus sur lesquels elle prend appui pour aboutir à une reconstitution spécifique de la réalité sociale.

Ces processus, en œuvre dans les représentations, ont été définis par Moscovici (1961), sous les termes d'objectivation et d'ancrage. Ils montrent comment le social s'empare d'un objet, d'une information, d'un événement et les transfigure. Il s'agit de processus intégrateurs, dans la mesure où ils articulent des interactions qui lient le psychologique et le social. Ils sont donc à la fois des activités psychiques, qui mettent en jeu un ensemble de mécanismes mentaux, et des phénomènes sociaux marqués par les contextes dans lesquels ils s'expriment. Enfin, ils assurent, de par cette interactivité, une fonction de filtrage cognitif, dans la mesure où ils intègrent de manière spécifique, la nature flottante, inattendue ou nouvelle des événements, en une vision acceptable et cohérente.

3.1. L'OBJECTIVATION

L'objectivation est un processus d'agencement des connaissances concernant l'objet d'une représentation (Moscovici, 1969). Il s'agit d'un mécanisme par lequel s'opère le passage d'éléments abstraits théoriques, à des images concrètes. Dans le cas de la représentation de la psychanalyse (Moscovici, 1961), ce processus se décompose en trois étapes distinctes.

a) La première se caractérise par la **sélection des informations** au sujet de la psychanalyse. Elle opère d'abord comme un filtre qui retient certains éléments et en rejette d'autres. Les informations ainsi sélectionnées sont détachées du contexte théorique qui les a produites; de la sorte, elles sont remodelées et reprises par les individus dans une reconstruction spécifique.

b) La notion de **schéma figuratif** caractérise la deuxième étape : c'est le noyau dur de la représentation. Il se constitue par un agencement dialectique qui comporte, d'une part, une condensation des éléments d'informations et, d'autre part, une évacuation de ses aspects les plus conflictuels.

Dans le cas de la psychanalyse, Moscovici a montré que cela se traduisait par un schéma composé d'idées simples, à travers lesquelles l'appareil psychique est proposé comme un objet facile à saisir. Mais, en réalité, cela n'est possible que parce que les éléments ainsi construits sont vidés de ce qui les dynamise, à savoir la libido. Or cette occultation a une fonction essentielle qui est de présenter la psychanalyse comme une science et une théorie acceptables, c'est-à-dire qui ne fait plus peur, dans la mesure où elle est débarrassée de sa structure conflictuelle.

c) La troisième étape est un **processus de naturalisation**. Comme nous l'avons déjà expliqué plus haut, il s'agit de la concrétisation des éléments figuratifs, qui deviennent des éléments de réalité. La naturalisation peut donc être définie comme le processus de transformation des éléments de la pensée en de « véritables catégories du langage et de l'entendement — des catégories sociales, certes — propres à ordonner les événements concrets et à être étoffées par eux » (Moscovici, 1969).

Par conséquent, il s'agit d'une refonte d'un certain nombre d'idées de base — en l'occurrence, les éléments théoriques de la psychanalyse — qui vont devenir des phénomènes objectifs, considérés comme des réalités évidentes. A travers cette transformation, s'opère ainsi une matérialisation — chosification des phénomènes complexes — dont la fonction est d'apprivoiser les aspects insaisissables de la théorie de base, afin d'en maîtriser ses éléments.

3.2. L'ANCRAGE

Le second processus de la représentation — l'ancrage — désigne, d'une part, les modalités d'insertion dans le social et, d'autre part, les fonctions qui en découlent. Il comporte trois aspects essentiels, qui permettront de saisir le fonctionnement de la représentation sociale à plusieurs niveaux.

a) L'ancrage montre d'abord que la représentation fonctionne comme un **système d'interprétation**; cela se traduit par le fait que l'on attribuera à une représentation une valeur d'utilité sociale. La psychanalyse, par exemple, est considérée comme un outil de connaissance de nous-mêmes et des autres; elle sert à décoder ce qui nous entoure en nous fournissant un cadre d'interprétation; celui-ci permet de faire entrer les individus et les situations dans des classifications qui serviront de guide à notre compréhension.

Ainsi, un tel système d'interprétation devient un système médiateur capable de réguler la relation sociale en proposant des répertoires, des typologies qui serviront à évaluer les événements et les conduites.

b) La représentation se constitue également en **système de significations** qui est un autre élément de l'ancrage. Dans le cas de la psychanalyse, cela veut dire qu'il existe un « réseau de significations » qui lui sont attribuées, mais qui découlent du système de valeurs produit par la société. Dans ce sens, la psychanalyse est présentée comme s'opposant à certaines normes sociales où à des courants idéologiques plus ou moins hostiles, qui vont lui conférer des significations particulières. La psychanalyse est alors repérée comme un fait social : en fonction de ses utilisations, elle ne sera plus considérée comme une théorie scientifique, mais comme le privilège réservé à certaines catégories; elle pourra exprimer les relations existant entre des groupes sociaux, incarner un système de valeurs ou marquer les oppositions entre diverses cultures.

Le réseau de significations mis en évidence est un aspect central du fonctionnement des représentations, car il montre les relations existant entre différents éléments et, de ce point de vue, reflète l'identité des individus et des groupes au travers, précisément, des diverses significations présentes dans leurs représentations.

L'ancrage, comme révélateur de l'inscription sociale de l'individu, permet en fin de compte de montrer les relations qui l'unissent à une culture donnée. Dans ce sens, l'ancrage assure une orientation des conduites et des rapports sociaux.

c) Le troisième aspect de l'ancrage réside dans sa **fonction d'intégration**, dans la mesure où elle insère la représentation dans des systèmes de pensée déjà présents. Cette notion d'intégration permet de comprendre comment s'opère le rapport entre un type de représentation préexistant et la nouveauté à laquelle il peut être confronté. L'ancrage permet donc de saisir comment s'effectue l'intégration de cette nouveauté dans un système donné, ainsi que la redisposition des éléments en interaction.

Ce processus confère aux représentations une caractéristique, définie par Moscovici comme « la polyphasie cognitive ». Elle indique que, d'un certain point de vue, c'est le caractère inédit de la représentation qui peut constituer un facteur favorisant son intégration, c'est-à-dire l'assimilation de la nouveauté. C'est ainsi que la représentation de la psychanalyse, en raison de sa confrontation avec d'autres courants de pensée, a favorisé la transformation de ceux-ci et, ainsi, facilité sa propre intégration. En s'intégrant dans la réalité préexistante, la représentation de la psychanalyse a également modifié celle-ci.

Mais, sur un autre plan, l'intégration de la nouveauté va fournir ses propres repères à des cadres de pensée préétablis. L'ancrage met ainsi en évidence un processus de rapprochement entre ces éléments inédits et ce qui est déjà connu, en proposant un mode de classement par des jugements rapides qui permettent aux individus de se déterminer face à eux.

A travers le fonctionnement de la représentation sociale, nous saisissons quelques-unes des conditions de son émergence : elle traite l'information disponible en la concentrant, à partir d'une orientation sélective, et elle en élabore les éléments dans une configuration nouvelle. Dans ce sens, toute représentation apparaît comme un processus dynamique à travers lequel s'opère une reconstruction sociale du réel; elle fonctionne comme un « univers d'opinions » (Moscovici) qui comporte des formes d'expression extrêmement variées.

L'examen des différents aspects de la perception et de la représentation sociale révèle comment nous pensons le monde social et montre que notre connaissance correspond à une construction sociale de la réalité. A travers ses diverses expressions, la représentation sociale manifeste son caractère relationnel et reflète ainsi le fonctionnement des règles et des valeurs dans une culture donnée.

LECTURES CONSEILLÉES

Ouvrages anglais

LIPPMANN W., (1922) : *Public-opinion.* New York, Harcourt Brace Jovanovich.

SHAVER K.G., (1975) : *An introduction to attribution processes.* Cambridge, Mass, Winthrop.

TAJFEL H., (1978) : *Differenciation between social groups : studies in the social psychology of intergroup relations.* London, Academic Press.

Ouvrages français

DECONCHY J.P., (1984) : *Systèmes de croyances et représentations idéologiques.* In *Psychologie sociale* de S. Moscovici. Paris, P.U.F., 321-355.

HEIDER F., (1965) : *La perception d'autrui.* In *Psychologie sociale* de A. Lévy, op. cit. 120-124.

HERZLICH C., (1969) : *Santé et maladie. Analyse d'une représentation sociale.* Paris, Mouton.

JODELET D., (1984) : *Représentations sociales : phénomènes, concepts et théorie.* In *Psychologie sociale* de S. Moscovici. Paris, P.U.F., 357-378.

MOSCOVICI S., (1961) : *La psychanalyse, son image et son public.* Deuxième édition, Paris, P.U.F., 1976.

PIAGET J., (1926) : *La représentation du monde chez l'enfant.* Paris, P.U.F.

TAP P., (1985) : *Masculin et féminin chez l'enfant.* Toulouse, Privat Edisem.

5. *La communication sociale*

La communication est devenue un thème central dans le discours social; comme telle, elle doit être étudiée en tant que phénomène social reposant sur l'existence implicite d'une équation entre le taux de communication échangée dans une société et la meilleure compréhension entre les individus. Pour la psychologie sociale, la communication constitue l'une des modalités fondamentales de la conduite humaine : les individus ne sont pas seulement influencés par des contextes sociaux auxquels ils réagissent, mais ils interagissent en permanence avec d'autres personnes qui se caractérisent comme des interlocuteurs (partenaires ou adversaires).

Dans une des premières analyses, la communication a été définie comme « le mécanisme par lequel les relations humaines existent et se développent » (Cooley, 1902). Aujourd'hui, elle s'opère à travers des systèmes techniques, qui jouent un rôle accru en modifiant la structure même des échanges. Elle comporte désormais l'utilisation de dispositifs dont la fonction est de transmettre des signes ou des images, et qui créent une nouvelle dynamique sociale des échanges. L'idée même de communication s'est donc profondément transformée de par l'évolution sociale. Son analyse s'appuie sur l'ensemble des modifications à l'intérieur du tissu social.

Les études sur les communications couvrent un champ relativement vaste qui va de la théorie de l'information, la sémantique et la linguistique, en passant par l'étude expérimentale des réseaux dans des petits groupes, jusqu'aux analyses relatives aux communications de masse.

Nous ne développerons pas l'ensemble de ces points : nous reprendrons les aspects qui, dans les différents domaines, servent de base à la connaissance de ce concept. Dans cette perspective, nous présenterons d'abord les principales orientations théoriques; nous envisagerons ensuite quelques aspects relatifs à la structure des communications, ainsi que certains processus; enfin, nous ferons une analyse succinte de ce que l'on appelle les « systèmes de communication ».

A. LES THÉORIES DE LA COMMUNICATION

Le concept de communication a été élaboré à partir de plusieurs modèles. Nous retiendrons trois orientations théoriques essentielles : le modèle cybernétique et la théorie de l'information; les modèles linguistiques qui ont abordé la communication à partir des phénomènes du langage; les modèles systémiques qui ont été utilisés dans une approche thérapeutique de la communication.

1. Le modèle cybernétique et la théorie de l'information

La cybernétique a proposé une approche de la communication qui s'appuie sur une théorie de l'information. Cette approche a été développée notamment par Moles (1971), à partir des travaux de Wiener (1947) qui l'a définie comme « la théorie des systèmes complexes autocontrôlés et des communications, tant chez les animaux que dans les machines ». Cette théorie repose sur une conception de l'information qui englobe non seulement les langues, parlées ou écrites, mais aussi les codes et les signes. Ainsi, toute information a un support formé habituellement par les éléments d'un langage que sont les mots, les expressions, elles-mêmes composées de signes ou de signaux.

1.1. DÉFINITION ET ÉLÉMENTS

Le schéma de la communication consiste en un *processus de transmission de l'information*, qui implique quatre éléments distincts.

— Un *émetteur*, qui transforme l'information, en la codant; ce peut être un individu, un groupe ou une institution.

— Un *canal d'informations*, c'est-à-dire un système physique dans lequel circulent les messages.

— Un *récepteur*, qui recueille l'information en la transformant.

— Un *répertoire de signes* ou éléments communs, dans lequel l'émetteur et le récepteur puisent soit pour construire un message, soit pour en identifier la nature.

1.2. CARACTÉRISTIQUES DE LA COMMUNICATION

A partir de ces éléments, toute étude de communication cherchera à déterminer qui sont les émetteurs et les récepteurs, quelle est la nature du canal, quelles sont les caractéristiques du répertoire de signes. La théorie cybernétique a mis en évidence la nécessité de définir clairement la structure des réseaux dans lesquels circulent les messages, afin de leur appliquer les lois de la théorie métrique de l'information.

a) **Le message**, tout d'abord, **est une séquence ordonnée d'éléments, puisés dans un répertoire de signes** par l'émetteur, qui les organise selon certaines lois inhérentes au message à transmettre. La communication suppose des répertoires identiques pour l'émetteur et le récepteur, à partir desquels chacun constitue le code de son message; elle n'a donc lieu que lorsque ces éléments sont communs aux deux partenaires. Le récepteur reçoit l'ensemble des signes qui constituent le message; il les identifie, puis les repère comme des significations. Mais, dans cette perspective, il intègre le message comme quelque chose d'autre que ce qu'il connaît déjà.

b) **Le message est le support d'une nouveauté**, c'est-à-dire d'un certain degré d'imprévisibilité, et c'est dans cette mesure qu'il a valeur d'information. Celle-ci s'apprécie par la quantité d'originalité qu'elle représente pour le récepteur. Pour la théorie de l'information, un message est considéré comme original lorsque ses chances d'apparition sont faibles.

c) **L'information se présente comme une réduction de l'incertitude**, car l'originalité qu'elle comporte accroit sa prévisibilité. Dans ces conditions, un message, pour être perçu et compris, doit comporter une sorte d'équilibre entre prévisibilité et imprévisibilité.

Le message peut être reçu, dans la mesure où il est prévisible, c'est-à-dire si le récepteur s'attend à la suite des informations; cette attente est définie comme une « accommodation informationnelle ». Ainsi, pour l'ensemble des messages, il existe un coefficient de probabilité d'occurrence qui permet de définir une communication optimale. Cela suppose une densité d'originalité acceptable, c'est-à-dire un seuil d'originalité du message, qui va permettre de mesurer l'aptitude de l'individu à accepter la nouveauté.

La notion de débit maximal d'originalité acceptable pour un récepteur est essentielle, car elle permet de dégager une règle fondamentale de la communication qui consiste à rester à l'intérieur d'un seuil de capacité nécessaire au récepteur pour intégrer l'information nouvelle.

d) **Un autre aspect de la communication est celui de son coût** : le message doit être le plus économique possible. Aussi la communication tendra-t-elle à s'établir sur la base de l'utilisation d'un nombre minimal de signes pour véhiculer le même message. Mais dans la mesure où il s'agit d'individus qui communiquent, ceux-ci n'ont pas pour but essentiel d'économiser les messages, mais de se faire comprendre. Dans ce sens, l'individu s'assurera de la bonne qualité du message en répétant l'information; le message devient alors redondant.

Dans la théorie de l'information, la redondance est définie comme un excès de signaux par rapport à ce qui est théoriquement nécessaire pour la transmission et la compréhension d'un message. Il n'y a pas d'intelligibilité sans une certaine redondance, qui caractérise le superflu par rapport à une information pure. La redondance est en même temps une mesure de l'intelligibilité et une mesure de la réduction de l'information. Plus un message est redondant, moins il transmet d'informations, mais plus il devient compréhensible. Dans ces conditions, l'efficacité d'un message est fonction de l'équilibre entre son originalité et sa redondance.

e) **Enfin, la théorie de l'information s'intéresse aux propriétés des messages, du point de vue de leurs effets sur le récepteur.** Elle montre, comme nous l'avons dit, qu'émetteur et récepteur puisent chacun dans un répertoire qui leur est commun et qui sert à communiquer en fabriquant des messages avec des signes reconnaissables. Cela met en évidence les règles du code, c'est-à-dire la façon dont l'émetteur fait usage des signes qui permettront au récepteur de décoder le message, réduisant ainsi la richesse des combinaisons des éléments-signes, mais permettant un déchiffrage au récepteur.

La communication s'établit alors en fonction d'un ensemble de codes, et le rôle fondamental du message est d'en permettre une reconnaissance claire. De ce point de vue, tout message peut être envisagé à deux niveaux : dénotatif et connotatif. Le premier niveau concerne la valeur dénotative ou sémantique de la communication, il est exprimé par la contrainte du code sur l'assemblage des signes. Le second niveau concerne la valeur connotative ou esthétique des messages, qui montre l'existence de variations autour des formes normalisées de chaque signe. Ces variations apportent une information qui peut être fortement indépendante de son support : un tel message est basé sur l'évocation, et c'est souvent lui qui est à la source de la créativité dans la communication. Cela montre que si le message peut être décomposé en modèle logique, son efficacité est non seulement liée à la performance du récepteur, mais également aux variations que celui-ci introduit autour de la forme dénotative de chaque signe.

Tout message parvient au destinataire avec une perte ou des bruits. Le bruit se caractérise par l'ensemble des perturbations aléatoires qui interviennent au cours de la transmission des informations. Ces perturbations sont multiples et peuvent provenir du canal lui-même, de son utilisation, des attitudes de l'émetteur et du récepteur, des ambiguïtés du message, des erreurs de décodage.

A partir de ces quelques éléments, la théorie de l'information présente une conception de la communication qui met l'accent sur la formalisation des processus de transmission, sur les qualités logiques du message, plus que sur leur signification. Elle ne prend donc guère en compte la dimension de la relation dans la communication, non plus que les caractéristiques sémantiques du message.

2. *Les modèles du langage dans la communication*

La psychologie a porté un intérêt croissant aux phénomènes de l'acquisition du langage et de son fonctionnement, qui sont devenus un champ de recherches spécifiques, à travers la psycholinguistique. Dans la perspective psychosociale, l'étude du langage intervient comme un facteur essentiel de celle de la communication; elle permet de mettre en évidence certaines caractéristiques propres aux interlocuteurs et d'autres liées à la dimension psychosociale de la communication.

Nous présenterons d'abord certains mécanismes psychologiques du langage et développerons ensuite quelques-uns de ses aspects psychosociologiques.

2.1. MÉCANISMES PSYCHOLOGIQUES DU LANGAGE

L'étude psychologique du langage considère que celui-ci est conçu pour transmettre l'information d'une personne à une autre. Cependant, une grande partie des messages passe par le biais de conventions sociales qui déterminent les suppositions que les individus font les uns à propos des autres. Ces suppositions sont appelées « postulats de la communication », car elles définissent, entre les interlocuteurs, l'accord tacite qui s'établit, précisément en fonction des règles sociales présidant au dialogue. Les postulats dépendent des groupes et des cultures dans lesquels ils se produisent.

Les études psychologiques du langage ont défini un certain nombre d'éléments qu'il est utile de connaître pour comprendre la communication.

a) **Les règles du langage** permettent de distinguer les mots utilisés dans la communication et les idées auxquelles ils renvoient. Les mots forment ce qui peut être mesuré dans le comportement verbal : on appellera alors « structure de surface du langage » les phrases écrites ou parlées, et « structure sémantique », le sens transmis par les mots. Un des principaux problèmes de la communication consiste à évaluer si l'émetteur et le récepteur font tous deux référence au même concept. Le problème de référence est lié à la caractérisation d'un concept, laquelle constitue donc un mécanisme simple pour indiquer quels sont exactement les concepts en cause.

b) **Les études psychologiques du langage** ont mis en évidence le fait que sa compréhension obéit à un certain nombre de **contraintes opérationnelles.**

Les mécanismes d'analyse du langage doivent d'abord opérer d'une manière rapide, afin de suivre le débit du discours. Ensuite, l'analyse linguistique de la phrase doit procéder selon l'ordre des mots prononcés; cela signifie que, pour une part, elle ne pourra être effectuée avant qu'une partie importante de la phrase n'ait été entendue. Enfin, la dernière contrainte imposée à ces mécanismes met en lumière le fait qu'ils doivent être capables de tolérer les erreurs et le manque d'informations; cela implique, par exemple, de pouvoir comprendre le langage parlé, même si l'émetteur commet une erreur, ou même si le récepteur relâche son attention.

Il faut souligner que les mécanismes qui assurent la compréhension du langage sont étroitement liés à ceux de la perception. Ainsi, la façon dont une langue donnée se réfère à des expériences perceptives peut avoir une grande influence sur l'encodage et la rétention de l'information sensorielle.

c) Lindsay et Norman (1977) ont présenté une étude du langage à partir d'une combinaison de mécanismes dont les uns sont dirigés par données (de bas en haut), et les autres par concepts (de haut en bas). Selon ces auteurs, *les processus dirigés par données* répondent aux signaux qui parviennent au système sensoriel : les yeux et les oreilles.

On assiste à plusieurs phases : tout d'abord, les images (symboles des signes) sont traduites selon leurs caractéristiques sensorielles; et ce sont des mécanismes particuliers qui les identifient; quand elles se présentent dans de bonnes proportions, elles sont identifiées comme parties composantes des items particuliers. Enfin, l'ensemble des items présents à un moment donné et leur interrelation permettent d'interpréter la scène visuelle et auditive.

En raison du cheminement particulier de cette analyse, on l'appelle aussi « analyse de bas en haut », ce qui signifie qu'elle s'amorce au plus bas niveau d'informations (les données sensorielles), en progressant vers le plus haut niveau (les structures sémantiques).

Le deuxième type de traitement de l'information est *le processus dirigé par concepts* : il intervient en partant des attentes et des indices contextuels, à plusieurs niveaux. Au niveau le plus haut de conceptualisation, le caractère général des structures mnémoniques qui sont élaborées va servir de guide pour les niveaux inférieurs de l'analyse. Ainsi le traitement dirigé par concepts va permettre d'organiser les attentes en fonction de la matière concernée, des informations spécifiques à venir et, enfin, du contenu des phrases qui se présentent. Cette forme d'analyse procède à partir des conceptualisations générales sur un sujet, en passant à une information de plus en plus spécifique, pour parvenir enfin à l'anticipation de mots, d'images et de sons particuliers. Elle est définie comme une analyse de haut en bas, qui part des structures sémantiques en descendant jusqu'aux données sensorielles.

A partir de ces indications sommaires, nous constatons que le langage est utilisé comme un instrument que les individus produisent pour se communiquer leurs idées. Les sytèmes linguistiques peuvent être considérés comme des mécanismes destinés à transmettre l'information d'un individu à un autre.

2.2. DIMENSIONS SOCIALES DU LANGAGE

La dimension psychosociologique de l'étude du langage et de la communication est relativement récente. Les recherches effectuées dans ce domaine définissent la communication comme un rapport d'interlocuteurs : cela signifie, d'une part, que les êtres humains engagés dans une communication co-construisent du sens à partir d'un code et, d'autre part, qu'ils produisent une situation sociale, elle-même marquée par un ensemble de facteurs sociaux. L'utilisation du langage dans la communication est considérée comme une situation sociale qui comporte plusieurs caractéristiques.

a) Les travaux de Ghiglione (1981, 1983, 1986), de Beauvois (1981) et de Trognon (1986) ont notamment présenté une conception théorique qui s'appuie sur l'idée que la communication est un système composé d'un ensemble de sous-systèmes (verbaux, paraverbaux et non verbaux), ayant des structures semblables et des liens systémiques. Ce modèle s'appuie sur plusieurs concepts généraux.

— Tout d'abord, une situation de communication tend à construire du sens; celui-ci est produit en fonction de l'ensemble des sytèmes de signes qu'il met en jeu.

— Ensuite, le sujet est défini comme sujet communiquant, c'est-à-dire comme un être « socialement inscrit et daté ». A cet égard, le sujet communiquant, selon Ghiglione (1986), se réfère à un statut de la parole porteuse des traces de l'entourage du sujet, des enjeux de la situation « ici » et « maintenant », des savoirs antérieurs et de ceux qui se construisent dans la situation d'interlocution.

— Enfin, la situation est définie comme communicative à partir des concepts d'enjeu et de contrat. La notion de contrat de communication considère que toute situation d'interlocution est un processus de co-construction de la référence, qui crée une « situation potentiellement communicative ».

Dans cette perspective, l'analyse de la communication s'effectue suivant une méthode dénommée « analyse propositionnelle de discours »; elle met à jour les éléments intervenant dans les situations d'interlocution comme une « analyse systématique des traces dans le discours oral ou écrit »; ces traces sont de trois types :

— Les traces des noyaux structurant les systèmes de représentation des individus à propos d'un objet thématique donné (défini comme référent noyau) et de leur relation;

— les traces des attitudes des énonciateurs par rapport à ces référents noyaux;

— enfin, les traces des logiques argumentatives qui articulent les productions discursives.

Ainsi, par la théorie de la communication contractuelle, Ghiglione (1986) rend compte de la relation entre un sujet communiquant et un objet, la langue, à partir d'un rapport d'appropriation qui construit du sens, suivant un décodage du monde offert par la langue. Par ailleurs, celle-ci est envisagée comme outil de communication avec autrui et, de ce point de vue, elle est liée aux structurations sociales dans lesquelles elle s'insère.

b) Les travaux de Blakar (1979) s'appuient, pour une part, sur les mêmes concepts et montrent, en particulier, que le locuteur utilise un code linguistique en fonction d'objectifs qui lui sont propres et qui consistent globalement à produire de l'influence. Dans ce but, il puise dans un registre qui lui permet d'opérer des choix. Blakar en recense un certain nombre comme, par exemple, le choix de la forme grammaticale, celui de l'emphase et du ton de la voix. Il montre que, dans la fabrication de son message, le locuteur n'est jamais un maillon neutre, mais qu'il produit réellement quelque chose de nouveau. Dans ce sens, la communication se définit comme un montage linguistique actif.

Mais toute communication s'inscrit également dans une structure sociale du langage qui fonctionne indépendamment de celui qui l'utilise. Ce mode de fonctionnement révèle que le langage est un fragment d'une culture dans une société donnée. On peut considérer, à cet égard, l'apprentissage d'une langue à travers la manière dont elle prend à son compte les dimensions des rôles sociaux.

L'idée que nous nous faisons du rôle d'autrui détermine la forme et le contenu de notre communication avec lui. A travers ces éléments, le langage est considéré comme un reflet de la structure des relations sociales. Les recherches qui ont porté sur les phénomènes d'adaptation du langage ont notamment montré que, dans certaines relations particulières, les individus produisent leur discours comme une forme d'adaptation.

Une étude a ainsi été faite sur des éducateurs, dans une institution qui accueillait de jeunes enfants placés en séjour long (Tizard, 1972). Elle a dégagé deux types de langage : un langage informatif, qui comportait l'expression de sentiments et d'explications, et un langage restreint, qui était pauvre et se limitait à l'énoncé de consignes. On a pu constater que le recours à l'une ou l'autre de ces formes de langage, était fonction du rapport que les éducateurs avaient avec certains types d'enfants : lorsque les enfants auxquels ils s'adressaient avaient un langage verbal pauvre, les éducateurs utilisaient eux aussi un langage restreint. Dans cette étude, le phénomène de l'adaptation du langage a montré qu'il s'agissait en fait également de l'expression d'un certain type de relations sociales.

c) Les aspects sociaux de la communication affectent le comportement verbal en exerçant, par ailleurs, une influence sur le type de langage adopté par les individus.

Cela a été mis en évidence par une recherche expérimentale (Moscovici,1967) qui s'appuyait sur l'hypothèse selon laquelle la modification et, en l'occurrence, l'appauvrissement du vocabulaire seraient dus à des contraintes normatives dans les communications entre les membres de petits groupes.

La recherche a été conduite autour de la définition de trois situations distinctes, dans lesquelles deux individus étaient à chaque fois conviés à communiquer sur un sujet donné. La première situation comportait une contrainte normative, qui s'exprimait par une consigne de consensus imposée aux sujets au terme de leurs échanges. Dans la deuxième situation, la contrainte, non normative, se traduisait par une consigne portant sur les délais impartis à l'échange. Enfin, dans la troisième situation, il n'y avait aucune contrainte.

Les conversations furent enregistrées et l'analyse a montré que c'est la situation de contrainte normative qui a exercé l'influence la plus grande, provoquant une réduction de la quantité d'informations échangées, une redondance du vocabulaire et l'utilisation d'un lexique plus pauvre. Cette expérience a permis d'établir une corrélation entre contraintes normatives et structures du langage.

L'ensemble de ces éléments atteste l'importance de la situation sociale quant à l'utilisation du langage. Les facteurs sociaux de la communication jouent un rôle déterminant dans le type de discours adopté par les interlocuteurs en présence. Mais, de ce fait, le langage ainsi produit devient à son tour un aspect de la détermination sociale qui va peser sur le cours même de la communication.

3. Le modèle systémique et la « logique » de la communication

C'est à partir des travaux de Bateson (1951) que naît une théorie de la communication qui s'inspire fortement de la démarche systémique : elle se présente comme un modèle qui conçoit les activités de façon relationnelle et considère que tout événement comporte des « aspects communicatifs ». Elle s'est développée notamment autour d'un groupe de chercheurs connu sous le nom d'école de Palo Alto. Nous présenterons le principe général ainsi que quelques éléments de la communication dans cette approche.

3.1. LE PRINCIPE GÉNÉRAL DE LA COMMUNICATION

Dans cette optique, l'étude de la communication repose sur l'idée que tout comportement est une communication. L'école de Palo Alto établit une équation entre comportement, message et communication : la communication s'étend à l'ensemble du comportement, c'est-à-dire notamment aux modes de communication non lexicaux. Le rapport indissociable entre comportement et communication se trouve exprimé dans cet énoncé essentiel : il est impossible de ne pas communiquer.

La communication est un processus social permanent qui englobe des modalités de comportement très variées : la parole, le geste, le regard; dans cette perspective, il n'existe pas d'opposition entre communication verbale et communication non verbale : la communication est un tout intégré. Dans ce sens, il faut considérer tout ce qui, dans le comportement, prend, à un moment ou à un autre, valeur de communication. Cela signifie que l'on ne peut plus isoler les messages, car ils ne prennent un sens que dans le contexte de l'ensemble des modes de communication.

Dans cette perspective, la valeur de la communication humaine découle de la valeur des messages comportementaux, qui prennent un sens replacés dans leur contexte, ainsi que dans les modalités de l'interaction. La communication est envisagée à travers le fonctionnement des différents modes de comportements dans un contexte donné : c'est donc en termes de complexité et de contextes multiples qu'il faut concevoir l'approche de toute communication.

3.2. LES ÉLÉMENTS DE LA COMMUNICATION

a) Bateson a envisagé la communication entre individus ou entre groupes comme une séquence, une suite de réactions provoquées les unes par rapport aux autres. Il distingue ainsi deux systèmes essentiels de communications : la communication symétrique et la communication complémentaire.

La communication symétrique est celle où des partenaires s'engagent dans une spirale fondée sur un accroissement de l'ampleur d'un même comportement : par exemple, la violence.

La communication complémentaire est celle où les partenaires forment ensemble une entité bipolaire, qui peut s'exprimer par des messages sur le mode de la différence : par exemple, l'autorité et la soumission.

Afin de rendre compte de ces formes de communication, Bateson fait l'hypothèse d'une schismogénèse définie comme un « processus de différenciation dans les normes de comportements individuels, résultant d'interactions cumulatives entre les individus ». Toute communication s'exprime ainsi sur l'un de ces modes : elle est symétrique, lorsqu'elle instaure ou établit l'égalité ou la réciprocité; elle est complémentaire, lorsqu'elle exprime la différence.

En outre, elle véhicule toujours deux types d'informations : l'une, portant sur des faits, et l'autre, sur la relation qui s'établit entre les individus au cours de la communication. Tout message est à la fois un contenu et une relation. L'aspect relationnel peut être considéré comme un second message, englobant le premier et caractérisant la manière dont celui-ci est appréhendé. On parlera alors de « communication sur la communication » ou de « métacommunication », qui peut porter soit sur le contenu, soit sur la relation, et prendre des niveaux d'expression variés. Assurant une fonction d'adaptation au message soit pour le comprendre, soit pour le préciser, elle joue également le rôle d'une régulation affective, dans la mesure où elle peut se situer au niveau de l'expression des émotions et des sentiments qui peuvent constituer une façon de communiquer sur une communication en cours : « C'est si peu dire que je t'aime ».

b) **L'école de Palo Alto** a établi que, dans la communication, les individus avaient recours, selon les cas, à deux types de codes ou de signaux. Elle a ainsi fait une distinction entre communication digitale et communication analogique.

La communication digitale est celle où l'on utilise une information objective, logique, qui peut être codifiée (et entrer dans une machine) par un certain nombre d'opérations basées sur le système de calcul binaire. Ainsi, la communication est digitale, lorsqu'elle est fondée sur un signe dont le rapport avec la signification donnée est purement conventionnel.

La communication analogique est celle dans laquelle il existe un rapport entre un signe et sa signification, à partir d'une ressemblance physique ou symbolique. Ainsi, les comportements non verbaux peuvent être considérés comme les modes de la communication analogique, car « l'ampleur du geste, la profondeur de la voix, la longueur de la pause ou la tension du muscle, correspondent directement ou inversement aux grandeurs de relations qui font l'objet du discours » (Bateson, 1966).

La communication analogique serait ainsi le mode de communication sur les relations. Elle comporte une large part d'imprécision et laisse la place à l'interprétation personnelle. Au contraire, la communication digitale serait le mode de communication sur les choses ou sur le contenu, car elle est plus précise.

Toute communication impliquerait ces modes complémentaires d'utilisation des messages, dans la mesure où les informations à transmettre ne peuvent pas l'être toujours par le recours aux mêmes codes : ainsi, les références aux relations interpersonnelles sont difficilement digitalisables, tandis que les messages relatifs aux faits ou à des choses, ne peuvent pas toujours faire appel à la comunication analogique.

c) Enfin, l'école de Palo Alto s'est intéressée aux **aspects pathologiques de la communication**. L'idée de pathologie recouvre le fait que la communication n'assure plus son rôle de construction de relations positives entre les individus, mais qu'elle crée entre eux des barrières, qui se manifestent par la perturbation des niveaux de communication. Une des expressions de cette pathologie est la « communication paradoxale » : il s'agit d'une situation où un même message comporte deux contenus incompatibles, c'est-à-dire un paradoxe. Il existe deux catégories de paradoxes : l'injonction paradoxale et la prévision paradoxale.

L'injonction paradoxale se présente sous forme d'un impératif et comporte une contradiction interne, de sorte qu'elle ne permet aucune réponse adaptée et satisfaisante. Une illustration de ce type de message se trouve, par exemple, dans les injonctions du genre : « Ayez le sourire ». Elles mettent l'individu dans une position souvent impossible. Cependant, une telle situation peut susciter, à l'occasion, des réactions novatrices, et elle peut avoir un aspect positif, dans la mesure où elle conduit à faire face à une situation inhabituelle.

La prévision paradoxale se présente sous forme d'une décision qui ne peut être concrétisée : il s'agit d'un « message indécidable ». Cela signifie que l'on communique à un partenaire une information qui concerne une décision qu'il devrait prendre, mais qu'il ne peut envisager; cette situation provoque des perturbations plus ou moins marquées dans le cours ultérieur de la communication.

La théorie de l'école de Palo Alto aborde les phénomènes de la communication en mettant en évidence les processus interactifs de tout comportement. Cela a permis de dégager une « logique de la communication » (Watzlawick, 1972) qui établit l'existence de différents niveaux auxquels se réfèrent les agents de la communication. En outre, elle a montré que les perturbations psychiques de la personnalité peuvent être interprétées comme des perturbations de la communication, existant entre un individu et son environnement. La notion de pathologie de la communication désigne des mécanismes dont l'intérêt est d'aider à mieux comprendre certains troubles mentaux liés à la perturbation de diverses formes d'interactions.

B. LES PROCESSUS DE LA COMMUNICATION

1. *Réseaux et structures de communication dans les groupes*

Les études sur les processus de communication sont essentiellement des travaux relatifs à la communication dans les groupes, car ils constituent l'un des domaines privilégiés dans l'exploration de ces processus. Dans ce paragraphe, nous présenterons les expériences les plus classiques, car elles ont l'avantage de fournir le schéma canonique sur lequel bon nombre de recherches ultérieures se sont appuyées.

Flament (1965) a introduit, dans l'analyse des processus de communication, une distinction entre structures et réseaux.

Le réseau de communication définit l'ensemble des canaux existants dans un groupe organisé, par lesquels les messages sont transmis. Il s'agit de conditions matérielles, qui imposent un type de communication en fonction d'un certain nombre de contraintes liées, en particulier, aux différents relais à franchir. Le réseau est donc une structure a priori des communications dans un groupe.

La structure de communication est « l'organisation des échanges réels entre les membres du groupe, en vue d'effectuer une tâche donnée » (Flament, 1965). Ainsi, par exemple, une organisation déterminée de tâches impose une structure de communication définie. Pourtant, la notion de structure de communication existe toujours dans un groupe, indépendamment d'une tâche précise, dans la mesure où les échanges s'organisent et s'orientent dans une direction donnée. Par conséquent, cette structuration tend à se cristalliser et à se stabiliser à un moment donné, de sorte qu'elle s'impose progressivement comme un réseau.

Nous présenterons successivement quelques études expérimentales et nous définirons les concepts qui ont été utilisés pour les interpréter.

1.1. LES ÉTUDES EXPÉRIMENTALES : CARACTÉRISTIQUES DES RÉSEAUX

a) C'est tout d'abord **Bavelas (1950)** qui s'est attaché à définir quelques-unes des propriétés géométriques de divers réseaux. Dans son étude, les structures analysées sont au nombre de trois : les réseaux de communication en chaîne, en cercle, en rayon.

Les structures analysées consistent en cellules reliées les unes aux autres. Bavelas fait l'hypothèse que la structure du réseau de communication affecte la performance d'un groupe composé de cinq personnes. Pour mesurer la communication, il propose *le concept de distance*, qui est défini comme le nombre de chaînons de communication nécessaires pour qu'un message parvienne, par le chemin le plus court, d'une position à une autre. Il a ainsi déterminé tout d'abord la distance de chacun à tous les autres; ensuite, il a dégagé, pour chaque réseau, une distance totale qui est égale à la somme des distances de tous les postes d'un réseau donné. Ainsi, pour le réseau en chaîne, elle est de 40, pour le réseau en cercle, elle est de 30 et pour le réseau en rayon, elle est de 32. C'est donc dans la configuration en chaîne que le message doit parcourir la plus grande distance.

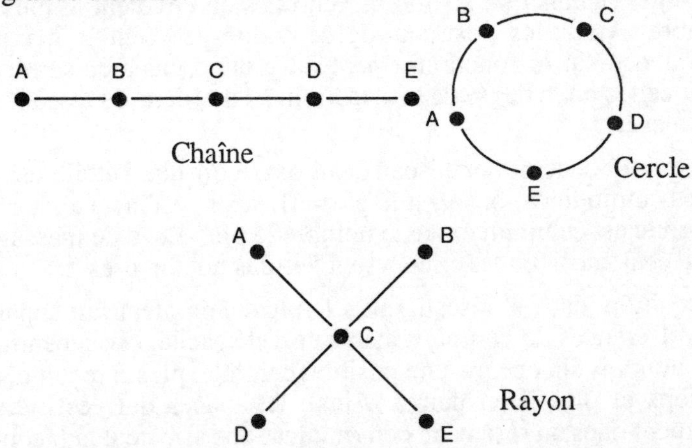

A partir de cette expérience, Bavelas a défini *le concept de centralité*, pour décrire des différences à l'intérieur et entre les structures de communication. La position la plus centrale dans un réseau est la position la plus proche de toutes les autres; ainsi le fait, pour des individus, d'occuper une position centrale, leur donne un avantage dans les communications avec autrui, de sorte qu'ils ont un rôle de leader, quand le groupe doit résoudre un problème.

b) Leavitt (1951) a repris le dispositif expérimental de Bavelas, mais en définissant quatre types de réseaux : en chaîne, en étoile, en « Y », en cercle.

Dans cette expérience, les individus étaient regroupés par cinq autour d'une table, et les groupes séparés les uns des autres par une cloison, ce qui imposait une communication par écrit. A chaque sujet, on donnait une carte sur laquelle était représentée une série de cinq symboles sur six possibles. Chaque carte différait des autres, dans le sens où le symbole manquant n'était pas le même. De cette façon, dans n'importe quelle série de cinq cartes, il n'y avait qu'un symbole commun. L'objectif de l'expérience était, pour chaque membre du groupe, de trouver ce symbole commun à tous les participants du groupe.

Pour cela, chacun avait le droit de communiquer, au moyen de messages écrits, avec les autres membres du groupe, auxquels il était relié suivant des réseaux définis.

Les résultats de l'expérience, qui ont tenu compte du temps nécessaire, du nombre de messages émis, ainsi que du nombre d'erreurs dans chaque groupe, permettent d'observer les différences liées au type de réseau de communication. On constate, par exemple, que les positions les plus centrales envoient le plus grand nombre de messages, tandis que les moins centrales en envoient le plus petit nombre. Ainsi, les positions de centralité exercent le maximum d'influence sur le fonctionnement du groupe, mais ce sont également celles où le degré de satisfaction, à l'intérieur du réseau, est le plus élevé.

En ce qui concerne les réseaux, on peut voir que l'étoile est celui où les communications sont le plus efficaces. A l'inverse, le réseau en cercle est celui qui exige le nombre le plus élevé de messages et celui, également, où les erreurs sont les plus nombreuses.

La position, dans le réseau, qui a le plus clairement fait apparaître des différences de comportements et d'efficacité, est la centralité : plus un individu occupe une position centrale, plus il reçoit d'informations et plus il en donne. Ainsi, les places que les individus occupent dans un réseau de communications affectent la façon dont ils vont communiquer.

Outre la corrélation entre efficacité et situation dans le réseau, Leavitt a évalué le degré de satisfaction des individus selon la forme du réseau dans lequel ils se trouvent. On peut observer que c'est le réseau circulaire qui permet la plus grande satisfaction, même s'il est moins efficace. En revanche, c'est dans le réseau en étoile, où l'on a recensé l'efficacité la plus grande, que l'on observe le désintérêt le plus rapide et le degré de satisfaction le moins élevé, car les membres n'ont que peu d'occasions de participer au fonctionnement du groupe.

c) **Flament (1965)** a repris le dispositif des réseaux en le rapportant à la nature des tâches accomplies par le groupe. Il définit une théorie des réseaux de communications en considérant le coût minimal de résolution de chaque problème, en termes de communications, et en établissant un rapport entre le coût effectif nécessaire et le coût minimal.

Dans cette expérience, les sujets sont disposés en réseau centralisé ou non centralisé. Ils effectuent leurs tâches, suivant deux modèles de résolutions : l'un, homogène, où l'on demande à chacun de réunir, pour lui-même, toutes les informations existantes dans le groupe et d'en déduire la solution; l'autre, centralisé, où l'on informe les membres du groupe que c'est l'un d'eux qui doit centraliser toutes les données du problème, trouver la solution et en faire part aux autres.

Les résultats indiquent que les différences de performances dépendent bien du potentiel d'un réseau. En structure centralisée, il existe un nombre relativement important de communications-organisations; en structure homogène, ce sont les demandes d'informations qui sont les plus importantes, car les relais ont des difficultés de fonctionnement. On constate donc une efficience plus grande lorsqu'il y a correspondance stricte entre structure de la tâche et type de réseau. Cependant, si l'expérience se prolonge suffisamment, on observe que, dans tous les réseaux, l'efficience devient semblable, quelles que soient les situations.

Cette expérience permet donc de retenir que la performance tend vers un maximum théorique quand il existe entre les membres du groupe une structure de relations isomorphe au système de relations exigées par la tâche.

1.2. MESURE DES PROPRIÉTÉS DES RÉSEAUX : CENTRALITÉ ET PÉRIPHÉRIE

L'ensemble de ces études a permis de dégager un certain nombre d'indices pour caractériser certaines propriétés des réseaux de communication.

a) L'indice de centralité, mis tout d'abord en évidence par Bavelas (1950), définit la position la plus proche de toutes les autres dans un réseau donné. On peut ainsi dégager un indice de centralité par poste qui permet de mesurer ultérieurement l'indice de centralité du réseau.

L'indice du poste se définit par le rapport entre la somme de toutes les distances du réseau et la somme des distances du poste considéré. Cet indice situe le degré de centralité d'un poste donné, à l'intérieur du réseau, et cela, dans les termes suivants : plus l'indice de centralité du poste est élevé, plus l'individu aura de facilités à communiquer avec les autres et plus il aura tendance à percevoir l'importance de son rôle dans le fonctionnement du groupe.

L'indice de centralité du réseau est défini par la somme des indices de tous les postes qui le composent. Ainsi, plus cet indice est important, plus l'efficacité du groupe est élevée. La valeur de cet indice a été indiquée par Bavelas et Leavitt, qui considèrent que les distances sociales s'affirment d'autant plus que l'indice de centralité du réseau est élevé; ainsi, une position centrale dans un réseau oblige un individu à assurer un rôle de leader; à l'inverse, une position périphérique empêche d'avoir ce rôle. L'indice de centralité d'un réseau doit également être mis en relation avec le degré de satisfaction pour les membres du groupe, et l'on peut considérer que la satisfaction moyenne est inversement proportionnelle à l'indice.

b) **L'indice de connexité d'un réseau** est égal au plus petit nombre de canaux dont le retrait entraîne la déconnexion du réseau. Dans le réseau en étoile, par exemple, l'indice de connexité est égal à 1, puisqu'il suffit de supprimer un canal pour enrayer la communication. Cet indice permet de représenter la valeur d'un réseau en fonction des possibilités de communication qu'il offre. L'indice de connexité reprend une mesure introduite par Bavelas, qui est la « somme des voisins », c'est-à-dire la somme, pour le réseau entier, des positions qui se trouvent à un chaînon de distance les unes des autres. Cet indice exprime ainsi la stabilité d'un réseau, qui sera d'autant plus grande que l'individu possède des possibilités de communication avec l'ensemble du groupe.

c) **L'indice de périphéralité relative d'un poste** est le dernier concept permettant de mesurer les propriétés d'un poste à l'intérieur d'un réseau. Cet indice, proposé par Leavitt (1951), est établi par la différence entre l'indice de centralité d'un poste et l'indice de centralité du poste le plus central dans le réseau. Il mesure le degré d'inégalité des participants dans l'accès à l'information à l'intérieur d'un réseau : plus cette différence est grande, plus le poste sera subordonné au poste central. Cet indice est inversement proportionnel à l'égalité des participants dans l'accès aux informations, et il détermine directement le degré de satisfaction d'un poste à l'intérieur d'un réseau : plus l'indice de périphéralité est élevé, plus le moral du groupe est bas et plus l'insatisfaction est grande.

Les études des réseaux de communications ont permis de dégager l'importance de l'influence de la structure du réseau non seulement sur l'efficacité du groupe, mais également sur le degré de satisfaction ou d'insatisfaction. En outre, la position d'un individu dans le réseau, sa place relative, déterminent non seulement ses possibilités d'échanges, mais aussi son degré de participation et, donc, son niveau de satisfaction.

Les conclusions établies par ces études expérimentales restent valables pour les réseaux de communication à l'intérieur des systèmes sociaux : ainsi, les individus périphériques ont le moins d'informations, ce qui détermine un faible degré de participation et engendre un degré élevé d'insatisfaction.

2. *La communication non verbale*

Dans les processus de communication, une attention particulière a été portée à l'activité corporelle et motrice qui l'accompagne. Les recherches qui se sont développées à ce sujet s'appuient sur l'idée que les gestes, l'expression du corps, les mouvements variés ont une fonction de communication. Un premier type de démarche tend à montrer la valeur de certains indices non verbaux comme facteurs de communication. Ces études portent sur la valeur des expressions faciales et des mouvements du corps dans la communication.

> Ekman (1978) a réalisé une expérience dans laquelle on a présenté, à des milliers de sujets à travers le monde, des photographies exprimant des émotions variées : le bonheur, la tristesse, la colère, la peur, la surprise, le dégoût.

Les résultats ont fait apparaître, chez des individus appartenant à des cultures différentes, un accord très élevé en ce qui concerne les expressions faciales particulières représentées sur les photographies. Ekman en a dégagé l'idée de l'universalité de ces expressions faciales, en marquant toutefois l'importance des variations introduites par des facteurs sociaux, individuels ou culturels.

L'étude de ces variations semble jouer un rôle dans l'intensité de la communication, en fonction, notamment, de plusieurs éléments : les règles qui régissent, par exemple, la façon dont on exprime une émotion, diffèrent d'une culture à une autre. Ainsi, une étude réalisée par Ekman et Friesen (1969) suggère que des sujets japonais laissent voir peu d'indices de leurs sentiments, lorsqu'ils sont dans des situations publiques. Les individus peuvent également utiliser des indices faciaux pour essayer de tromper les autres.

D'autres recherches (Ekman et Friesen, 1974), ont tenté d'identifier des indices permettant de révéler l'état émotionnel intérieur de personnes en train de mentir. Ainsi, on a constaté, par exemple, qu'elles effectuaient des gestes plus nombreux d'automanipulation (se toucher la figure avec la main), ou qu'à l'inverse, elles se figeaient davantage. On a vu, également, que leur voix pouvait devenir plus aiguë, leur regard fuyant. Mais de tels indices ne sont pas toujours fiables.

Ces éléments permettent d'établir que, dans certaines conditions, les individus de diverses cultures peuvent comprendre les expressions du visage comme un vecteur important de l'expression émotionnelle.

D'autres approches montrent que les postures et les gestes jouent également un rôle dans les communications. Si les psychiatres et les psychothérapeutes ont été à l'origine des premières recherches sur les indices corporels, les psychologues sociaux ont eu recours à des études expérimentales contrôlées pour identifier des ensembles de comportements incluant la posture et les mouvements du corps comme des indices fiables dans la communication.

Certaines recherches (Mehrabian, 1972), comme nous l'avons vu, ont exploré les indices de dominance, dans des situations où des sujets jouaient le rôle d'une personne communiquant avec quelqu'un possédant un statut supérieur ou inférieur. On a pu observer qu'ils avaient tendance à adopter des postures plus décontractées, lorsque l'échange avait lieu avec quelqu'un de statut inférieur au leur. Mais les indices de postures interviennent avec un ensemble d'autres indicateurs corporels, comme le toucher ou la fixité du regard.

Ces résultats expérimentaux tendent à prouver que les mouvements du corps, la posture et les gestes peuvent servir d'indices dans les communications. Mais leur valeur communicative résulte de leur interaction avec un ensemble d'autres éléments corporels qui leur donnent une signification particulière dans une communication donnée.

Les travaux de Birdwhistell (1970) ont apporté un éclairage particulier sur les processus de la communication non verbale. Pour lui, il existe une opposition entre la communication qui a un aspect rationnel, dénotatif, qui sert à dire à autrui ce qu'on pense, et l'expression illogique, embrouillée, qui sert à traduire ce qu'on ressent. Autrement dit, la communication est verbale, l'expression est non verbale; c'est le « langage du corps ». Ainsi, la connaissance est logée dans les mots, et les sentiments passent par les gestes, les yeux, les cris.

L'approche de Birdwhistell repose sur la kinésique qu'il définit comme « l'étude des aspects communicatifs des mouvements corporels appris et structurés ». Cette vision est fondée sur l'hypothèse d'une sélection culturelle de quelques positions corporelles, parmi les milliers que peut produire le corps en mouvement. Gestualité et langage s'intègrent ainsi dans un système constitué d'une multiplicité de modes de communication. Pour Birdwhistell, la signification d'un geste n'existe pas, le geste s'intègre dans un système interactionnel à multiples canaux qui se confirment ou s'infirment mutuellement.

Cette conception de la communication consiste à décrire l'ensemble des modes de communication non verbaux à partir d'une extrapolation du rôle de la culture dans le langage, à l'ensemble du comportement social. La culture retient ainsi quelques dizaines de mouvements parmi les milliers que le corps peut produire; ces mouvements élémentaires constitueront un système de communication.

A partir de la notion de kinésique, Birdwhistell conçoit la communication comme un « processus multicanaux permanent », qui utilise toutes les modalités sensorielles : vision, audition, olfaction, toucher. L'étude de la communication ne peut se faire en isolant un seul « infrasystème », comme le langage, que si le chercheur est bien conscient des limites qu'il fixe à son étude. Mais s'il refuse au langage l'exclusivité de la communication, c'est par une méthode inspirée de la linguistique descriptive qu'il tente de montrer en quoi la gestualité relève, à son tour, d'un ensemble de règles de construction aussi élaborées que le langage.

3. Les rumeurs

Les rumeurs constituent un mode de communication spécifique dans la vie quotidienne et dans les organisations sociales. Si, depuis longtemps, une sorte de théorie commune des rumeurs s'est constituée, à partir de leur importance et de leur ambiguïté, les études expérimentales et certaines recherches sur le terrain ont permis de préciser leurs aspects formels, en montrant notamment les processus d'altération des messages et l'allure de leur diffusion. La rumeur peut être définie comme une « affirmation générale que l'on présente comme vraie, sans qu'il y ait de données concrètes permettant de vérifier son exactitude » (Allport, 1965).

L'étude des rumeurs sera d'abord présentée à partir de certaines recherches; nous développerons ensuite les processus essentiels qui interviennent dans la transformation des messages, à l'intérieur de ce mode de communication.

3.1. LES ÉTUDES EXPÉRIMENTALES

Les expériences d'Allport et de Postman (1965) constituent une des références classiques pour la compréhension de l'altération des messages dans une communication. Elles partent de l'hypothèse que les rumeurs sont mises en circulation parce qu'elles ont la double fonction d'expliquer et de soulager des tensions émotionnelles; le fait de dire, par exemple, du mal d'une personne, a pour effet d'atténuer provisoirement la haine qu'on lui porte. Allport et Postman ont cherché à définir les processus de transmission en expliquant les exagérations caractéristiques des rumeurs.

> Leur méthode expérimentale consiste à projeter sur un écran une image comportant beaucoup de détails, dont certains pouvaient être ambigus, contradictoires ou erronés. Les sujets, au nombre de six ou sept, sont isolés au début de l'expérience, sauf les deux premiers. L'un de ceux-ci décrit l'image à l'autre, qui ne la voit pas. On fait ensuite entrer le troisième sujet à qui le deuxième décrit l'image qu'il a vue. Chacun des six ou sept sujets écoute le récit de celui qui précède et le transmet à celui qui le suit. De transmission en transmission, les chercheurs peuvent donc suivre les altérations du message au cours de la communication.

Les travaux de Dodd (1953) ont présenté le phénomène de la rumeur à travers une expérience intitulée « transmission d'un message à C-ville ». L'objet de cette étude portait sur la forme de la courbe de la diffusion d'une rumeur, en fonction de l'espace et du temps dans une localité appelée C-ville, de un millier d'habitants.

> Une ménagère sur cinq reçoit, un jour de juillet, un visiteur qui lui apprend un slogan de six mots, lancé par une soi-disant nouvelle marque de café. Il ajoute que toutes les personnes qui pourront répéter ce slogan à d'autres, recevront gratuitement une livre de café. Le lendemain, un avion répand trente mille tracts annonçant qu'une ménagère sur cinq connaît un slogan qui vaudra, le lendemain, une livre de café gratuit à toute personne capable de le répéter.

Ce fut effectivement ce qui se passa, et les enquêteurs relevèrent en même temps la personne se trouvant à l'origine de la transmission, le lieu et le moment où elle s'était produite, ainsi que la distance séparant les domiciles des deux ménagères en interaction.

Cette expérience a permis de dégager le concept de l'allure de la diffusion dans la propagation des rumeurs. La diffusion D étant définie comme la proportion des individus atteints par le message, on observe qu'elle est proportionnelle au logarithme du nombre P de la population où la rumeur a été diffusée : D = a log P.

En exprimant la diffusion par le nombre I des interactions produites au cours de la transmission, Dodd a trouvé que la diffusion est une fonction harmonique de la distance L entre la source des rumeurs et le lieu de la réception. Il a par ailleurs dégagé la notion de potentiel de la diffusion, qui se définit comme le nombre de personnes à qui un individu, ayant reçu le message, le transmet dans l'unité de temps : en d'autres termes, c'est le nombre T de transmissions par réception R, par unités de temps.

Cette notion exprime donc le taux de croissance de la diffusion, c'est-à-dire l'accroissement de la proportion des informés par un accroissement du temps égal à l'unité.

3.2. LES RECHERCHES SUR LE TERRAIN

Le phénomène de la rumeur a été analysé dans le cadre de recherches empiriques dont une des plus classiques est connue sous le nom de rumeur d'Orléans (Morin, 1969). Au mois de mai, naît et se répand dans cette ville, le bruit qu'un, puis deux, puis six magasins d'habillement du centre ville organisaient la traite des blanches. On dit que des jeunes filles étaient droguées par piqûres dans les salons d'essayage, puis déposées dans les caves d'où elles étaient évacuées la nuit vers des lieux de prostitution exotiques. Les magasins incriminés sont tenus par des commerçants juifs. Pendant que circulaient ces bruits, on a pu vérifier qu'il n'y avait aucune disparition dans la ville et que la presse locale n'en a jamais parlé. Il s'agissait d'une rumeur. Comment a-t-elle pu naître et se développer ?

Pour Morin, la première incubation de la rumeur s'est effectuée dans les classes de jeunes filles de collèges religieux doublement propices à la transmission et à la prolifération de ce type d'informations, d'une part, parce que ces milieux clos constituent de véritables caisses de résonance et, d'autre part, parce que cette population adolescente est entourée de forte protection et vit dans l'inexpérience du monde social.

La description du phénomène a permis de remarquer que la rumeur se propageait à partir des « salons d'essayage »; une telle constatation explique son origine, son déroulement et ses conséquences. Tout d'abord, le salon d'essayage comporte des fonctions fantasmatiques et une structure mythologique par rapport à la toilette féminine. C'est là que se rassemblent et se déploient les puissances érotiques diffuses et latentes du vêtement féminin : la robe, la jupe, les dessus et les dessous. Or, c'est dans ce type de lieu que se fixe la rumeur de la traite des blanches. Il s'agit, d'autre part, d'un lieu un peu tabou. Il est mal clos, fermé le plus souvent par un rideau, et c'est dans ce contexte que s'effectue le déshabillage, qui se charge d'un sens érotique mi-latent, mi-manifeste, de narcissisme et d'exhibitionisme, où la jeune fille se transforme en source de séduction et où la nudité du corps fait naître la tentation érotique et le fantasme.

L'analyse de ce phénomène permet de rendre compte de certains processus en œuvre dans la propagation des rumeurs. Si le salon d'essayage a été au centre de la structure des rumeurs, c'est parce qu'il s'agit d'un lieu fondamentalement ambivalent : lieu fonctionnel pour l'essayage d'une robe, mais aussi lieu érotique qui crée un univers fantasmatique, où l'acte de s'habiller s'accompagne de celui de se rendre désirable.

Selon Morin, le salon d'essayage devient le centre d'un mythe, dont la fonction est de mettre en liaison deux éléments de la vie qui fonctionnent habituellement sur un mode séparé : d'une part, la vie quotidienne de la jeune fille honnête et, d'autre part, les désirs érotiques latents qui peuvent se manifester au moment du déshabillage. Cette structure mythique, facilitée par le fait de se dévêtir, permet de mettre en communication ce qui est disjoint par le surmoi social et individuel : l'innocence et le péché. De ce fait, la rumeur « traite des blanches » trouve un support à un phénomène social que la société appréhende sur un mode séparé et canalise par nombre d'interdits.

Dans cette analyse, la rumeur est assimilée à une circulation de messages imaginaires, organisés selon une logique psycho-affective associant, sur le mode fantasmatique, des lieux réels et un trafic réel, mais l'un et l'autre étant arrachés de leur propre ancrage sociologique, ce qui leur confère une valeur proprement mythologique.

A la suite des travaux de Morin, des ouvrages plus récents (Gritti, 1978, Kapferer, 1987) ont repris l'étude des rumeurs en partant de ses caractéristiques dans le monde contemporain. Kapferer met notamment l'accent sur le fait que l'étude des rumeurs a trop été gouvernée, jusqu'ici, par une conception négative : les bruits qui courent seraient nécessairement faux, fantaisistes ou irrationnels. Or, pour lui, la rumeur n'est pas toujours fausse : elle est non officielle et c'est ce qui lui donne une valeur.

Etudiant le processus de formation et de transmission des rumeurs dans les domaines les plus variés : enquêtes criminelles, Bourse, marketing, politique, Kapferer dégage une explication qui rejoint le modèle d'Allport et de Postman (1965) que nous allons présenter, à savoir que dans la transmission des rumeurs, c'est l'adhésion qui est l'élément moteur; elle va donner à la rumeur son caractère de crédibilité en faisant subir à l'information un certain nombre d'altérations.

3.3. LE MODÈLE EXPLICATIF

Les travaux d'Allport et Postman (1965) ont dégagé trois lois de l'altération du message, pour expliquer la transmission des rumeurs.

a) La première loi est une loi d'appauvrissement ou de nivellement : à mesure qu'une rumeur circule, elle tend à devenir plus courte, plus concise, plus facile à comprendre et à raconter. Sur onze expériences effectuées en laboratoire, on constate qu'environ 70 % des détails sont éliminés au cours des cinq ou six transmissions. Mais il apparaît que cet appauvrissement progressif se stabilise dans la partie finale de la propagation : plus un récit est court et concis, et plus il a des chances d'être reproduit fidèlement.

On peut donc conclure que chaque fois qu'un message verbal circule sous forme de rumeur, les distorsions qu'il subit tendent toujours à le rendre plus bref et plus concis. Pourtant, ce nivellement n'est pas un phénomène qui se produit par hasard : ce sont les individus eux-mêmes qui sélectionnent les détails qui confirment leurs attentes et les aident à structurer leur récit.

b) La seconde loi qui se dégage est la **loi d'accentuation** : elle se définit comme la perception, la rétention et la reproduction sélective d'un nombre limité de détails provenant d'un contexte plus large. Autrement dit, l'accentuation est un processus de renforcement de certains détails, qui prennent une place centrale dans la signification des rumeurs, et cela en fonction de plusieurs facteurs. Tout d'abord, l'accentuation peut s'effectuer par la rétention de mots bizarres ou qui frappent l'imagination; elle intervient par ailleurs lorsque le récit comporte la notion de mouvement; elle est également déterminée par la dimension relative des objets.

Un autre facteur, appelé « effet d'antériorité », peut jouer un rôle de focalisation sur un détail, au début d'une série de récits, et il sera par conséquent retenu dans ceux qui suivent. L'accentuation est ainsi un processus important de la déformation de la rumeur.

c) La troisième loi est la **loi d'assimilation** : il s'agit d'un processus de conservation et de réorganisation des informations autour de certains motifs centraux. Ce processus résulte de la force d'attraction exercée sur une rumeur par les habitudes, les intérêts et les sentiments de ceux à qui elle s'adresse.

Plusieurs formes d'assimilation ont été dégagées par Allport et Postman.

L'assimilation au thème central consiste à réduire ou accentuer des détails, de manière à les faire correspondre à l'idée dominante du récit auquel ils s'intègrent, afin d'accroître sa cohérence, sa vraisemblance et sa logique.

L'assimilation par condensation consiste à faire fusionner deux détails, plutôt que de les retenir séparément.

L'assimilation par anticipation concerne certains détails qui prennent une forme correspondant à la forme de pensée de celui qui les transmet; il retient les choses telles qu'elles se présentent habituellement pour lui.

L'assimilation à des stéréotypes verbaux consiste à arranger le message, afin de le placer dans la catégorie conventionnelle dans laquelle il doit s'insérer. Ainsi, dans l'étude expérimentale d'Allport, on a pu observer que dans plus de la moitié des expériences, un rasoir passe, dans le récit, de la main d'un Blanc à celle d'un Noir, car on s'attend à ce que les Noirs soient armés d'un rasoir et non les Blancs. Il existe ainsi un stéréotype culturel inconscient du Noir, violent, prêt à se servir d'un rasoir.

Même en laboratoire, l'assimilation se fait dans le sens des prédispositions émotionnelles profondes. Les rumeurs tendent donc à confirmer et à s'ajuster aux intérêts individuels, à l'appartenance raciale ou sociale, ou encore aux préjugés personnels de celui qui les transmet. Les processus de transformation des rumeurs ainsi dégagés agissent simultanément et reflètent l'appropriation subjective, qui rend compte, pour une part, des déformations caractérisant les rumeurs.

Ce triple processus de transformation, défini par Allport comme un « processus de consolidation », a l'intérêt de montrer que tous les individus, au cours de la propagation des rumeurs, se heurtent à la difficulté de saisir et de retenir dans leur objectivité les éléments du monde extérieur. Afin de pouvoir les utiliser, ils doivent les restructurer et les ajuster à leur propre mode de compréhension et à leurs propres intérêts.

Si les travaux d'Allport et Postman se sont surtout centrés sur l'altération des messages, des auteurs récents (Kapferer, 1987) ont cherché, après Morin, pourquoi nous transmettons les rumeurs. Ils ont établi que la rumeur s'appuie sur trois conditions essentielles : il faut que l'information apparaisse crédible, vraisemblable et souhaitable. Elle repose en outre sur un besoin profond des individus d'adhérer à un ensemble de croyances à travers lesquelles ils attribuent à certaines catégories des traits particuliers. Cela tend à prouver que le processus de transmission d'une rumeur est un mécanisme de projection. Il peut être interprété comme un besoin d'introduire une cohérence rationnelle et affective dans un matériel ambigu, et il se manifeste comme une recherche de signification devant une réalité peu claire et peu sûre.

Les processus de propagation des rumeurs montrent que bon nombre d'informations forment en ce sens « les médias du non-dit ». Ils constituent une explication à l'anxiété, à la peur du changement, au traitement social de la différence, en permettant d'effectuer un transfert d'agressivité à l'encontre de catégories particulières d'individus qui deviennent de ce fait les boucs émissaires de la rumeur : accuser les Juifs, les Noirs, les immigrés d'être voleurs, sales et paresseux est une façon de décharger sur eux des sentiments d'hostilité où le problème du bien-fondé ou de la source est moins important que celui de l'adhésion et de la mobilisation autour de ces sentiments. Les rumeurs indiquent ainsi que les bruits qui courent dans les institutions et la société sont les révélateurs d'un système d'interprétation agissant pour canaliser la peur et l'incertitude devant des situations ambiguës.

C. LES COMMUNICATIONS DE MASSE

Les communications de masse constituent un domaine particulier d'études pour la psychologie sociale. Dans ce paragraphe, nous retiendrons trois aspects particuliers pour situer la notion de communication de masse : une présentation du système de communications, à partir d'une théorie structurale des communications de masse (Moles, 1986); la fonction du rapport entre le médium et le message (Mac Luhan, 1967); enfin, l'étude des influences des communications de masse. Les communications de masse sont un phénomène de société, et les problèmes soulevés par leur importance et leur développement nécessitent de plus en plus une approche interdisciplinaire. Nous montrerons dans cette perspective quel est l'apport particulier de la psychologie sociale.

Avant de développer ces différents points, il convient d'apporter une précision sur le terme de communication de masse. On entend par là l'ensemble des techniques de diffusion collective qui permettent de s'adresser à un grand public. Les principaux types de communication de masse sont la presse, le cinéma, la radio, la télévision, le livre, le disque, l'affiche. La communication de masse peut donc être définie comme la « diffusion quantitativement importante de contenus semblables à des individus ou à des groupes nombreux et hégérogènes de la société, à l'aide de techniques de diffusion collective » (Silbermann, 1981). Dans toute communication de masse, il importe donc de distinguer les moyens qui permettent les communications et les communications elles-mêmes.

1. L'approche structurale des communications

L'approche structurale des communications de masse se présente comme une analyse qui montre comment le support technique a progressivement remplacé le transfert individuel. Les travaux de Moles (1986) abordent le phénomène de communication de masse à partir de la notion de média. Les médias sont des véhicules, des canaux, des systèmes de transfert de messages variés. Ils se décomposent en deux aspects : les médias interpersonnels, dont le point de départ et le point d'arrivée sont définis et choisis par l'individu et qui constituent des réseaux de « tuyaux »; les mass-médias, qui sont des dispositifs de diffusion et qui font passer, par les yeux ou les oreilles, tout ce qui a été centralisé par la presse, la radio ou la télévision; ils constituent un réseau en « arrosoir ».

Les mass-médias sont donc un ensemble de techniques qui diffusent le même message à un grand nombre d'individus, à partir d'une source unique qui représente l'équivalent de la production en série d'objets fabriqués dans le domaine commercial; ils ont pour fonction essentielle de multiplier un même message en un très grand nombre d'exemplaires.

A partir de ce schéma canonique, Moles dégage les incidences de ces nouveaux systèmes sur l'environnement individuel et social. Tout d'abord, les systèmes de communication et, plus spécifiquement, la télécommunication, constituent « une fenêtre ouverte sur le monde » : une expérience à travers laquelle des images et des valeurs physiquement lointaines sont rendues présentes avec les signes qu'elles représentent. Mais l'interconnexion générale, à travers la communication, a pour effet un repli de l'individu sur lui-même, qui est proportionnel à la densification des messages qu'il est susceptible de recevoir.

Pour Moles, le paradoxe de la communication de masse, c'est qu'au lieu de créer la solidarité, elle renvoie l'homme à lui-même. La télévision, par exemple, ne crée pas une plus grande ouverture sur le monde, mais elle est définie comme un « périscope dans l'océan social ». Autrement dit, l'écran de télévision est un mur de verre qui met les individus en contact avec les autres, à travers la communication technologique, mais qui en même temps les sépare.

Ces systèmes de communication définissent un nouvel atome social : pour Moles, c'est l'être dans sa coquille, dans son appartement, dans sa maison. Cet atome se présente sous la forme d'une boucle cybernétique établie entre les messages que l'environnement envoie à l'individu et les actions et télé-actions que celui-ci exerce en retour sur l'interface qui constitue une part de sa sphère privée. Ce nouvel atome social serait l'individu replié sur lui-même, enfermé d'autant plus dans sa sphère que les messages entrent plus nombreux chez lui : les distances sociales augmentent à mesure que les distances géométriques diminuent.

Un autre aspect de la communication de masse est « l'opulence communicationnelle ». Elle définit l'idée que l'individu se trouve doté de plus de facilités de communications qu'il n'en utilisera et n'aura envie d'en utiliser. En d'autres termes, il ne trouvera les limites à ses interactions avec autrui que dans la détermination interne qu'il donne à sa vie et non dans les contraintes externes qu'il subit. Des enquêtes ont montré à cet égard, au Japon par exemple, que le volume de la consommation des informations ne croissait plus qu'au rythme de 3,3 %, qu'elles viennent des médias ou d'un autre type de communications, alors que les communications fournies par les médias, croissent, elles, au rythme de 11,5 %.

Pour Moles, l'opulence communicationnelle pose le problème de la « conserve communicationnelle », c'est-à-dire de la permanence des messages à travers le temps. Celle-ci peut s'effectuer par des moyens très divers et constitue en quelque sorte une nouvelle mémoire. Les effets de cette mise en conserve consistent à mettre à la disposition de chacun les messages qui l'intéressent. Autrement dit, à partir du moment où tout est enregistrable, le problème n'est plus d'enregistrer, ni de communiquer, il est de recevoir, c'est-à-dire il tient dans la capacité informationnelle réceptive de l'individu, possesseur d'un budget-temps nécessairement limité. C'est, par exemple, le rôle du magnétoscope qui permet de se connecter aux robinets de culture, au moment que l'on a choisi, pour conserver ce que l'on veut sélectionner. Ainsi dans une sphère privée, l'individu disposera, non seulement d'une bibliothèque ou d'une discothèque, mais d'une vidéothèque qui lui permettra de vivre en dehors de la société, sans en être déconnecté, puisqu'il pourra ouvrir à volonté le robinet d'informations au moment qui lui plaît.

La théorie structurale de Moles présente un modèle communicationnel qui offre à l'individu presque n'importe quelle possibilité. Mais, en même temps, Moles réfère ce développement à la relative constance des traits psychologiques de l'être humain qui détermine, en fin de compte, l'usage de cette communication en fonction d'une économie personnelle liée à ses besoins, son champ de conscience, les traits de sa personnalité et ses ressources internes.

2. *Les médias de la communication*

Les moyens utilisés par la communication, c'est-à-dire les médias eux-mêmes, constituent un autre aspect des communications de masse. Les études psychosociologiques, qui s'inspirent de la théorie de l'information, ont plus porté leur attention sur les analyses de contenus que sur celui du médium : elles considéraient que l'important était le message, quel que soit le support par lequel il était transmis.

C'est McLuhan (1964) qui a mis l'accent sur les médias de la communication, en cherchant à connaître les caractéristiques de chaque médium et à mesurer ses effets sur la structure sociale. Pour lui, c'est le médium qui est le message. Cette affirmation résume sa démarche et signifie que c'est le mode par lequel se fait la communication qui a un impact sur les conduites et les croyances, plus que les images que l'on donne à voir ou les informations que l'on donne à entendre. McLuhan a dégagé l'importance des médias en distinguant trois états de la communication dans le développement des civilisations.

Le premier état, c'est *la phase tribale* : l'homme tribal vit dans un village et sa culture est essentiellement orale. Dans cette phase, la transmission des messages, à l'intérieur d'un groupe social, s'effectue essentiellement par la parole : donc l'homme vit ces échanges et ces communications au moyen de ses sens.

Le deuxième état est celui, tout d'abord, où l'homme invente *l'écriture* qui va placer la vie humaine sous le signe du fractionnement. L'homme de l'alphabet fonde une culture qui va tourner le dos à la richesse émotionnelle de l'âge précédent. Avec l'écriture, se produit une scission entre l'intelligence et l'affectivité. Un deuxième trait caractérise cette période, c'est l'imprimerie, qui définit la « galaxie Gutenberg ». Le texte imprimé va produire un certain nombre d'effets : d'abord, il suppose un système de codage qui permet à une information d'être diffusée; ensuite, le fait de reproduire un même document en plusieurs exemplaires va conférer à celui-ci un nouveau statut qui permettra de l'apprécier en fonction de l'ensemble qu'il constitue, indépendamment du contexte social qui l'a produit.

La troisième phase est constituée par *les nouvelles machines à diffuser les sons et les images*. McLuhan considère que ce nouvel état permet à l'individu de jouer à nouveau un rôle actif : puisqu'il se sent relié à toute l'humanité, il s'engagera dans la vie collective. Le médium jouerait donc le rôle de nouveau socialisateur, qui permettrait de développer une culture diversifiée et personnalisée.

Dans cette perspective, c'est le mode de communication qui détermine une transformation sensorielle et culturelle, et non pas les contenus qu'il produit. Les travaux de McLuhan ont été l'objet d'un certain nombre de critiques, mais ils ont le mérite, en mettant l'accent sur la valeur du médium comme facteur déterminant de la communication et de l'évolution socioculturelle, de montrer qu'il n'existe encore, sur ce point, aucune théorie satisfaisante.

3. L'influence des communications de masse

De nombreux travaux ont cherché à déterminer les effets de la communication de masse. C'est à partir de ceux de Lazarsfeld (1948) que l'on a pu dégager des facteurs d'influence des communications de masse.

Ceux-ci sont tout d'abord constitués par les groupes primaires qui sont des relais. A l'intérieur de ces groupes, un deuxième facteur est constitué par les leaders d'opinions, qui sont des intermédiaires entre les médias et le groupe, jouant un rôle d'agent de liaison. Un troisième facteur est lié au fait que ces intermédiaires sont plus dépendants des mass-médias que les autres, du fait qu'ils en consomment davantage. Ces éléments ont permis de dégager l'idée d'un « *two-step flow* » : il s'agit en quelque sorte d'un système de transit à deux niveaux, dans la mesure où les médias auraient d'abord une influence sur ces intermédiaires et, à travers eux, dans un deuxième temps, sur l'ensemble du groupe.

Ces travaux ont favorisé une nouvelle compréhension de l'influence des communications, en montrant que les sources d'influence partaient des types de relations existant à l'intérieur d'un groupe. Elles ont permis de relativiser, sinon de démystifier, le poids des médias sur les comportements et, d'une manière plus large, sur les changements sociaux.

Dans les recherches sur les effets, l'analyse de Klapper (1960) a montré que la communication n'agit pas selon un schéma causaliste, mais en fonction d'un certain nombre de paramètres sociaux et de facteurs médiatiques valorisés dans un contexte plus large.

De nombreuses études se sont attachées à cerner l'influence de la télévision dans un certain nombre de domaines, notamment le développement intellectuel de l'enfant et les effets de scènes de violence sur les enfants et les adolescents. Les résultats de ces investigations attestent, par exemple, qu'il n'existe aucune relation directe entre la violence présentée à la télévision et les actes de violence commis par des adolescents. Si certains adolescents, en situation plus fragile, sont plus enclins à consommer des programmes qui montrent des scènes de violence, on ne peut affirmer qu'elles aient un effet direct sur leur comportement.

Ces éléments permettent de sortir d'un schéma mécaniciste quant à l'interprétation de l'impact des communications de masse. Les recherches ont ainsi développé un modèle explicatif qui s'est davantage centré sur l'analyse des fonctions ou des significations que sur la recherche de causes. On a, par exemple, cherché comment les individus utilisent la télévision en montrant, plutôt que les effets qu'elle exerce sur eux, sa fonction de leur fournir des rêves par procuration.

Enfin, un dernier aspect d'étude des influences des communications de masse porte sur les conséquences culturelles. On considère désormais les mass-médias comme un phénomène social qui véhicule des contenus culturels et produit ce que l'on a appelé une culture de masse, c'est-à-dire un ensemble de connaissances, de valeurs, de stéréotypes et de mythes façonnés par les médias. De nombreuses analyses ont porté sur ce point (Alberoni, 1963) : elles permettent, entre autres, de dégager une fonction qui est celle d'une satisfaction illusoire procurée en termes d'identification. Ainsi les mass-médias créeraient, chez les individus anonymes, le sentiment d'être une « élite sans pouvoir » (Alberoni), par l'identification aux vedettes ou aux idoles, qui leur permettrait ainsi de participer par procuration à une réussite sociale à laquelle ils n'ont pas accès.

La communication est une activité humaine complexe. Les théories qui en rendent compte sont variées : elles mettent l'accent, tantôt sur la fonction du langage, tantôt sur la circulation de l'information, tantôt sur des éléments non verbaux.

Les processus abordés ont mis en évidence l'importance des réseaux, notamment dans les études expérimentales sur les petits groupes. Ils ont situé la communication non verbale comme une approche qui attribue aux gestes et aux mouvements des qualités communicationnelles. Ils ont défini les caractéristiques de la rumeur comme un processus particulier de la communication.

Enfin, les communications de masse, considérées comme un phénomène social, ont été analysées à partir de quelques éléments théoriques pour déterminer certains effets signifiants.

LECTURES CONSEILLÉES

Ouvrages anglais

CHERRY C., (1957) : *On human communication.* New York, J. Wiley Ed.

EMERY M.E., SMYTHE T.L., (1980) : *Mass Communications.* Iowa, Readings Brown Pub.

McLUHAN M., (1964) : *Understanding media.* New York, MC Graw Hill.

Ouvrages français

ALLPORT G.W., POSTMAN L.J., (1965) : « Les bases psychologiques des rumeurs. » In : *Psychologie sociale* de A. Lévy, *op. cit.*, 170-185.

BATESON G., (1951) : « Codage et valeur. » In : *Psychologie sociale* de A. Lévy, *op. cit.*, 186-192.

BEAUVOIS J.L., GHIGLIONE R., (1981) : *L'homme et son langage.* Paris, P.U.F.

FLAMENT C., (1965) : *Réseaux de communication et structure de groupe.* Paris, Dunod.

GHIGLIONE R., (1983) : « Systèmes de communication, contrats de communication. » In : *Champs Educatifs*, 4, 9-25.

GHIGLIONE R., (1986) : *L'Homme communiquant.* Paris, Armand Colin, coll. « U ».

GRITTI J., (1978) : *Elle court, elle court la rumeur.* Montréal, Stanké.

KAPFERER J.N., (1987) : *Rumeurs.* Paris, Le Seuil.

LEAVITT H.J., (1951) : « Quelques effets de divers réseaux de communication sur la performance d'un groupe. » In : *Psychologie sociale* de A. Lévy, *op. cit.* 293-316.

MOLES A., (1971) : *La Communication.* Paris, C.E.P.L.

MOLES A., (1986) : *Théorie structurale de la communication et Société.* Paris, Masson.

MORIN E., (1969) : *La rumeur d'Orléans.* Paris, Le Seuil.

ROUQUETTE M.L., (1984) : « Les communications de masse. » In : *Psychologie sociale*, de S. Moscovici, *op. cit.* 495-512.

TROGNON A., (1986) : « Les linguistiques de la communication. » In : *L'homme communiquant.* Ghiglione R., *op. cit.* 37-75.

WINKIN Y., (1981) : *La nouvelle communication.* Paris, le Seuil.

6. *L'identité sociale*

Le concept d'identité se présente, en psychologie sociale, comme une idée synthèse qui montre l'articulation du psychologique et du social chez un individu : il s'agit d'une notion qui exprime la résultante des interactions complexes entre l'individu, les autres et la société. Elle s'échafaude comme une construction représentative de soi dans son rapport à l'autre et à la société. L'identité est ainsi la conscience sociale que l'acteur a de lui-même, mais dans la mesure où sa relation aux autres confère à sa propre existence des qualités particulières.

L'identité est, dans une large mesure, une actualisation au niveau individuel d'un certain nombre de composantes sociales; cela implique une définition de soi par les autres et des autres par soi-même, c'est-à-dire qu'il s'agit de découvrir qui on est pour soi-même et pour les autres, et qui sont les autres pour soi (Laing, 1971).

L'identité englobe certaines dimensions de la réalité sociale abordées antérieurement, par exemple au niveau de la représentation ou de l'influence sociale. Elle indique comment ces phénomènes s'incorporent à la personnalité, pour constituer le noyau dur de ce que l'individu pense, de la manière dont il se représente les autres et dont il évalue sa propre position. L'identité, c'est donc le produit des processus interactifs en œuvre entre l'individu et le champ social, et non pas seulement un élément des caractéristiques individuelles. L'identité est la réalité sociale qui s'actualise dans une représentation de soi.

Dans ce sens, elle résulte d'un enchevêtrement complexe du social et de l'individuel. Le social, en tant qu'élément de notre identité (la famille, la nation, la race, la profession, etc.), est investi en fonction de nos caractéristiques individuelles. La dimension sociale de l'identité est donc bien autre chose qu'une réalité extérieure à nous, simple objet de nos projections, de nos attitudes ou de nos opinions : elle est le tissu qui nourrit nos désirs et nos valeurs et les transforme en un système consistant.

Dans ce chapitre, nous examinerons d'abord un certain nombre de conceptions qui permettront de comprendre comment la notion d'identité a été élaborée selon plusieurs orientations. Nous retiendrons, d'une part, la perspective psychanalytique, d'autre part, la dimension sociologique, pour montrer, enfin, le contenu spécifique apporté par l'approche psychosociale. Nous présenterons ensuite un certain nombre de caractéristiques de l'identité, qui permettront de saisir ces contours et de les interpréter. Enfin, nous analyserons les mécanismes essentiels à partir desquels se forme l'identité sociale.

A. LES CONCEPTIONS DE L'IDENTITÉ

L'identité, en tant que définition d'une interaction particulière du social et de l'individuel, a été abordée selon deux perspectives distinctes : celle qui privilégie les caractéristiques individuelles et définit les modalités de constitution de soi, à partir d'une absorption du social par l'individuel; celle qui privilégie les caractéristiques collectives et définit les modalités d'appartenance de l'individu à un groupe, une catégorie sociale, à partir de son intégration à un système donné.

Dans une acception courante, la notion d'identité comporte ainsi deux pôles : le pôle individuel, traduit par le concept du Soi, c'est-à-dire les caractéristiques individuelles que quelqu'un s'attribue et qui lui permettent de se dire et de montrer qui il est; le pôle social, défini par le système des normes, et qui s'exprime à travers l'ensemble des rôles auxquels un individu se conforme pour répondre aux attentes des autres, d'un groupe social ou d'une situation donnée.

1. La perspective psychanalytique

Le concept d'identité, élaboré par Erikson (1972, 1974) s'inspire des apports de la psychanalyse. L'identité, assimilée au surmoi, apparaît comme le lieu où sont intériorisées les normes sociales, à travers le processus de la socialisation de la personnalité, ainsi définie comme système d'incorporation des normes à travers le surmoi. Pour Erikson, le concept d'identité se traduit par la définition de soi, c'est-à-dire par les caractéristiques qu'un individu identifie comme siennes et auxquelles il accorde une valeur de reconnaissance.

Dans cette perspective, cette notion comporte quatre aspects essentiels : la confiance en soi; le caractère stable des éléments individuels; l'intégration du Moi; l'adhésion aux valeurs d'un groupe et à son identité. Elle est une synthèse de diverses composantes qui intègrent des éléments liés aux caractéristiques personnelles et aux valeurs sociales.

L'identité est donc le fruit de la socialisation : sa fonction est d'insérer la personnalité dans son contexte social; elle s'inscrit dans un apprentissage par l'intériorisation des normes. La notion de « diffusion de l'identité » traduit à cet égard l'échec de la socialisation : il y a diffusion de l'identité lorsqu'il y a dysfonctionnement des processus d'intégration.

Selon Erikson, la construction de l'identité sociale se réalise par une combinaison d'efforts de l'individu et de la société, pour intégrer celui-ci le mieux possible aux rôles qui lui sont assignés. La question de l'identité, abordée sous cet angle, met en relief la valeur positive de sa fonction intégratrice : l'individu aura un sentiment de bien-être s'il accepte et fait siennes les valeurs qui lui sont proposées. Si, dans cette approche, l'intégration est définie comme une valeur structurante de l'identité, celle-ci se construit également à travers les tensions inhérentes à tout processus social.

Laing (1971) a apporté à la notion d'identité un éclairage particulier, par la définition du concept d'identité complémentaire. Ce dernier repose sur l'idée qu'il faut replacer l'individu dans son contexte, car on ne peut en faire une description fidèle sans décrire également ses rapports à autrui. Or dans toute situation chacun agit toujours sur les autres et subit en retour leur influence. Ainsi, toute identité requiert l'existence d'un autre dans une relation grâce à laquelle s'actualise l'identité du choix : « Une femme ne peut être une mère si elle n'a pas d'enfant. Il lui faut un enfant qui lui confère son identité de mère. Un homme a besoin d'une épouse pour être un mari. Un amant sans maîtresse n'est qu'un prétendu amant. »

L'identité complémentaire désigne, selon Laing, la fonction des relations personnelles par laquelle l'autre complète le Soi ou répond à son attente. Cette complémentarité peut se réaliser de plusieurs manières : elle peut être plus ou moins conventionnelle ou conditionnée par la société. Pour Laing, l'identité est un élément de la relation, qui implique une définition de soi par l'autre et de l'autre par soi : c'est ce par quoi l'on est identifié.

2. La conception sociologique

Dans la perspective sociologique, la notion d'identité a été envisagée à partir de l'étude des diverses formes d'intégration à un ordre social. Elle a été abordée selon deux points de vue distincts : le courant dialectique, d'une part, et le courant fonctionnaliste, d'autre part.

2.1. LA SOCIOLOGIE DIALECTIQUE

La sociologie dialectique s'inspire des concepts développés par Marx et définit l'identité comme une intériorisation des valeurs qui, elles-mêmes, ne sont pas séparables d'une idéologie dominante dans une société. Dans ce sens, le concept d'identité définit à proprement parler l'aliénation : la conscience que l'individu a de la réalité ne correspond pas aux conditions objectives qui la déterminent. L'identité ne peut être de ce point de vue qu'une conscience brouillée, qui se borne à reconnaître l'ordre social, sans pouvoir en saisir le sens comme rapport de domination et sans arriver à comprendre la raison de sa propre conduite.

Dans cette perspective, comme l'a montré Touraine (1974), l'identité est une adaptation à la société à travers laquelle l'individu apprend à reconnaître sa place et à comprendre les règles du jeu social. En tant que produit de l'apprentissage social, elle aboutit à un non-savoir sur soi-même, puisqu'elle est imposée du dehors : l'identité ne me dit pas qui je suis ni le sens de ce que je fais, mais qui je dois être et les conduites que l'on attend de moi. Elle s'exprime ainsi à travers toutes les formes de soumission et de dépendance. L'identité n'est donc qu'une absence d'identité, puisqu'elle se réduit à une fausse conscience de sa propre condition.

Pour Touraine, il existe en quelque sorte deux identités : une fausse identité, imposée par le système, et une vraie identité, arrachée par les luttes. Selon lui, la formation de l'identité ne se réalise qu'à travers les luttes sociales qui permettent de révéler les illusions de l'identité. Il existe donc un lien essentiel entre identité et conflit, dans la mesure où la naissance à l'identité ne peut se faire qu'à travers le conflit, c'est-à-dire le déchirement par lequel on cesse d'accepter l'identité que donne le système social.

La naissance à une nouvelle identité est d'abord la critique des illusions de l'identité antérieure. Elle se réalise fondamentalement à travers une dialectique conflictuelle des rapports sociaux, qui impliquent le déchirement de la conscience, pour mettre à l'œuvre l'action historique qui permettra de rejeter les statuts les rôles antérieurs.

Dans cette perspective, l'étude de l'identité correspond à une analyse des rapports sociaux grâce à laquelle l'individu se dégage de l'épaisseur de l'ordre social dans lequel il est enfoui, pour se définir comme acteur de l'histoire, à travers les conduites d'opposition qu'il est capable d'assumer.

2.2. LA SOCIOLOGIE FONCTIONNALISTE

La sociologie fonctionnaliste décrit l'identité comme le reflet, au niveau individuel, des valeurs communément admises dans une société. En toute société, il existerait ainsi des identités-types qui sont en quelque sorte des modèles pour la conduite sociale, et qui représentent la réalité objective qu'engendre une société et à laquelle les individus s'identifient.

Ces approches, développées par Berger et Luckman (1966), définissent la société comme un réservoir d'identités-types, qui construisent socialement la réalité et proposent aux individus les comportements adéquats, en fonction des circonstances typiques dans lesquelles ils se trouvent. L'identité est ainsi une réalité objective et stable, à laquelle les individus peuvent se référer, dans la mesure où elle est l'objet d'un consensus.

Dans cette perspective, la formation de l'identité est le résultat d'une interaction entre la conscience individuelle et la structure sociale; elle est la construction d'une harmonie sociale à laquelle on parvient, dans la mesure où chacun puise dans les identités-types, pour jouer son rôle. L'identité n'est alors pas autre chose que le reflet d'une société consensuelle, exprimé par des individus adaptés à un système dont les valeurs sont partagées par tous.

3. L'approche psychosociale

L'approche psychosociale a défini progressivement l'identité à partir d'une problématique de l'interaction intégrant, d'une part, les aspects individuels et les composantes psychologiques reliées à la personnalité (le Soi) et, d'autre part, les variables sociologiques, reliées notamment à la notion de rôle social.

Le cadre conceptuel qui résulte de cette problématique s'est élaboré à travers l'élargissement de la notion de rôle social à celui d'identité, et par une démarche centrée sur l'importance des facteurs cognitifs dans la constitution de l'identité. Le concept d'identité a été introduit progressivement, pour donner une nouvelle interprétation à la place occupée par les individus à l'intérieur d'une structure sociale.

Ainsi, Mead (1934) définit le Soi et le situe par rapport à d'autres composantes individuelles : l'Ego (le Moi), et le Je. Le Soi est l'aspect de l'individu marqué par les valeurs et les normes du contexte social. Il est la synthèse d'un jeu dialectique entre le Moi et le Je. Pour Mead, l'Ego est l'individu en tant qu'il est d'abord un objet pour lui-même, et cela dans la mesure où il fait siennes les attitudes des autres envers lui. Dans ce sens, tout individu se représente lui-même avec l'optique de « l'autre généralisé » auquel il s'identifie. Le Je, c'est le Moi-sujet qui correspond au sentiment de l'individu pour lui-même dans sa relation à la situation sociale. C'est dans l'interaction du Je et du Moi, en référence à la réalité sociale, que le Soi émerge; il est donc le produit de tout ce jeu social, mais en même temps, il est le lieu où se forge une conscience de soi, c'est-à-dire une position propre qui consiste à s'éprouver soi-même, à travers le prisme de la relation à autrui.

Avec Allport (1970), l'identité est présentée également par le concept de Soi qui est assimilé à la conscience de soi. Le Soi est le sentiment d'identité synthétisé en nous par un certain nombre d'éléments vis-à-vis desquels nous éprouvons une « autonomie

fonctionnelle ». Ainsi, le sentiment d'identité se décompose en un certain nombre de facteurs dont la fonction est d'introduire une cohérence entre différents états que nous ressentons :
– le sentiment physique de son corps, qui repose sur un ensemble de sensations qui nous sont propres;
– le sentiment de continuité temporelle, qui fait que l'individu se sent le même au cours des changements qui affectent sa vie;
– le sentiment de valeur et d'estime de soi qui résulte de l'évaluation que les autres font de ce que nous sommes;
– le sentiment d'orientation générale dans l'existence qui s'appuie sur des objectifs définis qui sous-tendent nos efforts et éclairent le sens de notre vie.

Miller (1975) distingue l'identité publique, qui traduit les composantes psychologiques au regard des normes du groupe, et l'identité du choix, qui définit les modalités d'organisation des représentations qu'un individu a de lui-même. Dans la notion d'identité publique, on retrouve les deux versants objectif et subjectif du rôle social : le premier définit les éléments que le groupe assigne à un individu; le second montre comment un individu assume ce rôle à travers l'image qu'il s'en fait. Dans ce sens, la définition de l'identité se fait à partir de la notion de rôle assumé dans un système donné. Ainsi, l'identité sociale comporte trois éléments essentiels : la position occupée; les attentes liées à elle; l'identification de l'individu à son rôle. L'identité sociale s'élabore donc à partir du statut social et de l'évaluation des attentes et des exigences qui lui sont liées.

Par ailleurs, l'élaboration du concept d'identité s'est effectuée dans une perspective centrée sur la détermination des structures de connaissance de l'individu concernant sa propre place dans le monde. Les travaux de Zavalloni (1984) ont donné à cette orientation une problématique et une conceptualisation spécifiques. Ils situent tout d'abord la question de l'identité dans le cadre général de l'étude des processus cognitifs : l'identité est conçue comme une structure cognitive liée à la pensée représentationnelle. Le concept désigne les modalités d'organisation, pour un individu donné, des représentations qu'il a de lui-même — représentation du Soi — et des représentations des groupes auxquels il appartient.

L'identité apparaît comme une structure organisée des représentations de soi et des autres; il s'agit donc de l'ensemble des représentations vécues du rapport individu/société. Zavalloni définit l'identité comme « l'environnement intérieur opératoire » d'une personne, qui est constitué par des images, des concepts et des jugements concernant le rapport soi/autrui et le monde social.

L'identité est une construction sociale de la réalité dans laquelle le rapport à autrui est d'abord la conscience de ce rapport en relation avec la conscience d'appartenance. La conscience de soi est donc inséparable de la conscience de l'autre; l'identité, selon Zavalloni, apparaît ainsi comme un objet privilégié pour comprendre la construction de la réalité sociale, dans la mesure où le rapport au monde s'établit à travers les diverses appartenances sociales et culturelles de l'individu.

Zavalloni propose le concept d'égo-écologie comme l'approche théorique de l'identité sociale. L'égo-écologie est une science empirique de la subjectivité; elle se définit comme l'étude du Soi dans ses relations complexes avec son environnement.

Enfin Zavalloni propose une mesure empirique de l'identité, à travers la méthode de contextualisation représentationnelle, laquelle consiste à susciter les éléments qui, psychiquement, forment le contexte sous-jacent des représentations (images, souvenirs, expériences sédimentées constitutives de la biographie de la personne). Il s'agit donc de faire émerger le contexte latent des représentations du monde social.

La théorie de Zavalloni fait de l'identité un point de jonction entre l'individuel et le collectif, qui s'organise comme une construction subjective de la réalité, montrant par là que celle-ci est le monde en tant qu'expérience subjective. En définissant enfin l'identité comme structure cognitive, c'est-à-dire le processus de représentation de soi par lequel les individus organisent leurs expériences, Zavalloni relie l'étude de l'identité à l'élaboration d'un modèle de l'homme, basé sur l'importance des images à travers lesquelles il définit ses rapports aux autres et à la société.

A partir des diverses conceptions énoncées, l'identité peut être définie comme les différentes modalités du sentiment et de la représentation de soi qui découlent des formes d'interaction soi/autrui, dans un contexte social donné, et qui déterminent qui nous sommes.

B. LES CARACTÉRISTIQUES DE L'IDENTITÉ

Après avoir cerné les diverses conceptions en présence, nous allons dégager quelques caractéristiques qui permettent de saisir les principales composantes de l'identité. Celles-ci ont été dégagées à partir de données situationnelles et montrent comment des individus définissent qui ils sont, à divers moments de leur vie, dans des circonstances qui les obligent à faire des choix, ou dans les groupes auxquels ils se réfèrent.

Ces caractéristiques ne sont pas des données stables; elles se modifient en fonction des changements vécus par l'individu; celui-ci n'a donc pas une seule, mais de nombreuses identités qui varient au cours de sa vie. Nous retiendrons trois caractéristiques essentielles de l'identité : le Soi, qui montre comment un individu définit qui il est; l'appartenance sociale, qui met en évidence la manière dont il se réfère à des groupes lui permettant d'évaluer qui il est; l'implication sociale, qui indique les degrés d'intériorisation des rôles et les modifications de l'identité, en fonction des changements du statut social d'un individu.

1. La définition de soi

Le concept de Soi est celui par lequel on caractérise le plus largement l'identité. Le Soi représente l'ensemble des caractéristiques qu'un individu considère comme siennes et auxquelles il accorde une valeur socio-affective. L'identité implique donc une définition du Soi, dans le sens où celui-ci comporte, d'une part, l'idée de qui on est et renvoie, d'autre part, au sentiment de demeurer toujours le même, c'est-à-dire d'avoir une impression de continuité par rapport à soi, même si la vie et l'environnement changent.

1.1. LE SENTIMENT DE SOI

La définition de soi implique la relation et la conscience de l'autre. C'est pourquoi un aspect du concept de Soi a été privilégié dans les recherches, à savoir l'estime de soi. L'estime de soi peut être décrite comme l'importance qu'un individu s'accorde par rapport aux autres, grâce à laquelle il se situe dans la structure sociale. Elle apparaît comme une évaluation de notre identité; elle permet notamment de définir notre rôle dans les interactions sociales.

L'estime de soi est déterminée par plusieurs facteurs : les ambitions, l'approbation sociale et la confiance en notre pouvoir.

a) L'estime de soi est tout d'abord fonction de nos **aspirations**, par rapport à ce que nous avons à faire. Ainsi, toutes les activités ne nous affectent pas de la même façon : nous évaluons les informations en fonction de l'idée que nous nous faisons de nous-mêmes et nous rechercherons celles qui nous renforcent dans l'image positive de nous-mêmes.

Une étude (Markus, 1977) a montré qu'au cours d'une expérience portant sur les problèmes de l'indépendance et de la dépendance, des femmes se sont exprimées beaucoup plus facilement que les hommes sur ce point, car cela représentait un élément important de leur estime de soi, ce qui leur permettait de discuter plus facilement de cet aspect d'elles-mêmes.

b) L'estime de soi est également conditionnée par **l'approbation sociale**, c'est-à-dire la réputation dont jouit un individu. Le concept d'approbation sociale a permis de distinguer deux types d'estime de soi (White, 1963) : l'estime de soi intérieure, liée à nos réalisations personnelles, et l'estime de soi extérieure, provenant de l'opinion que les autres ont de nous.

c) Enfin l'estime de soi est déterminée par la croyance que nous avons dans notre **capacité de maîtriser les choses** et de changer les situations : ainsi, l'idée que nous nous faisons de notre aptitude à contrôler ce qui nous arrive influence notre façon d'agir et, par voie de conséquence, l'image que nous nous faisons de nous-mêmes.

Rotter (1966) a défini la notion de contrôle interne, pour caractériser les individus qui pensent agir directement sur les événements. Le contrôle externe se réfère à l'idée que les événements ne dépendent pas de nous mais du hasard, de la chance, du destin ou de l'action d'un être transcendant.

Sur ces bases, Rotter a élaboré une échelle pour déterminer à quoi les individus attribuent ce qui leur arrive; elle se compose d'une série de vingt neuf paires d'énoncés, chacune comportant une affirmation présentant une conception de la vie fondée sur un contrôle interne et une affirmation basée sur un contrôle externe.

Les études (Phares, 1976) qui s'appuient sur ce test montrent que les sujets présentent des différences significatives, selon le type de contrôle auxquels ils croient. Ceux qui acceptent les énoncés exprimant la croyance en un contrôle externe se considèrent souvent comme victimes de forces qui les dépassent. Au contraire, ceux qui croient à un contrôle interne sont plus dynamiques, plus actifs et plus capables de repérer, dans leur entourage, ce qui leur permet de progresser.

L'analyse de situations de la vie réelle a confirmé les résultats expérimentaux : ainsi, on a observé (Bulman et Wortman, 1977) que les individus qui assument une part de la responsabilité d'un accident grave dont ils ont été les victimes, connaissent une guérison plus rapide et plus complète. Il existerait, par ailleurs une relation entre une orientation interne et la capacité de se guérir du cancer.

1.2. LA PRÉSENTATION DE SOI

Fenigstein, Scheirr et Buss (1975) ont établi, dans la conscience de soi, une distinction entre deux niveaux essentiels : la conscience de soi intime, qui se manifeste dans le sentiment que l'on a de soi-même, indépendamment des situations sociales dans lesquelles on se trouve; la conscience de soi publique, liée à l'extériorisation des éléments du Soi, et considérée comme un objet social; elle s'exprime dans la présentation de soi, qui définit le Soi comme élément de l'interaction sociale. Il se manifeste selon plusieurs modalités distinctes.

a) **Affirmer notre distinction** : des études (McGuire et Padawer-Singer, 1976) ont montré que la présentation de soi fonctionnait comme un mécanisme de différenciation, qui a pour but de mettre en évidence un ou plusieurs traits distinctifs de nous-mêmes, par rapport aux autres. On a demandé à des enfants de faire une description d'eux-mêmes, en soulignant ce qui les distinguait de leurs camarades de classe. Il est apparu que les enfants ont, par exemple, donné leur âge quand ils étaient les plus jeunes ou les plus âgés du groupe; de même les filles précisaient leur sexe, si elles étaient minoritaires. Ainsi, dans cette présentation, les enfants ont indiqué les éléments qui permettaient à autrui de les identifier plus facilement.

b) **Créer une impression relative à la situation** : la présentation de soi est un objet relationnel déterminé par les circonstances. Des chercheurs (Newtson et Czerlinski, 1974) ont constaté que des étudiants, à qui l'on avait demandé de donner leur opinion sur la guerre du Vietnam, se sont présentés de façon presque diamétralement opposée, comme des colombes ou des faucons, selon les circonstances dans lesquelles ils avaient été placés. En outre, la présentation de soi fait intervenir de manière plus ou moins explicite la tendance à exercer sur autrui une impression favorable.

c) Faire de la mise en scène : c'est Goffman (1973) qui a donné à la présentation de soi une interprétation spécifique : les interactions sociales créent une mise en scène, à travers laquelle les individus déploient un arsenal symbolique qui leur permet de tenir des rôles acceptables aux yeux des autres. Ils créent ainsi avec leurs comportements des sortes de spectacles, dont le but est d'établir des échanges satisfaisants. Dans ce sens, toute interaction sociale s'apparente d'une quelconque manière à une mise en scène où chacun joue sa partition.

Cette notion de mise en scène met en évidence une fonction sociale essentielle de la présentation de soi : la capacité, pour les individus, d'improviser, à l'intérieur des interactions, leurs propres positions, et cela à travers un système symbolique qui leur permet de repérer et d'accepter leurs identités respectives.

d) Adopter un comportement stratégique : l'idée de comportement stratégique, élaborée par Crozier (1977), dans le cadre de l'interprétation des comportements organisationnels, donne un éclairage particulier à la notion de présentation de soi. Pour lui, les relations qui se déroulent à l'intérieur d'une organisation s'établissent, entre les individus, selon des modalités qui leur permettent d'adopter des positions échappant au pouvoir des autres.

La présentation de soi équivaut, dans ce contexte, à développer des stratégies pour rendre son propre comportement incertain aux yeux d'autrui. Elle se définit comme un jeu pour tenter de préserver une marge de sécurité, dans les relations interpersonnelles. A cet égard, la présentation de soi est un système de négociation où chacun confère par son comportement stratégique, un certain prix à sa relation avec autrui car, pour Crozier, les relations sont des relations de pouvoir.

Dans ces conditions, l'identité se réfère toujours, d'une manière ou d'une autre, à une relation de pouvoir, c'est-à-dire qu'elle est déterminée par le système d'influence mis en œuvre par les individus pour définir leur position et atteindre leurs buts. Ainsi, l'identité s'élabore à travers les stratégies des acteurs sociaux, qui déterminent un jeu d'interactions en créant en permanence des zones d'incertitudes, pour échapper partiellement au pouvoir des autres. L'identité apparaît donc comme un élément de la dynamique sociale qui oblige les individus à entrer dans des systèmes d'interactions et à définir le jeu qu'ils sont capables d'y jouer.

1.3. CONSÉQUENCES

Le Soi est en quelque sorte la part de l'investissement social de l'identité. Il représente un certain nombre d'enjeux qui peuvent avoir des répercussions variées. Nous analyserons deux types particuliers de conséquences : d'une part, les dysfonctions entre l'intention de donner une image positive de soi et l'image négative ressentie par les autres et, d'autre part, l'impact du Soi comme facteur d'évaluation personnelle.

a) Habituellement nous tenons à créer auprès des autres **une bonne image de nous-mêmes**, qui constitue un élément important dans toute interaction sociale. Ainsi une présentation de soi réussie renforce l'image positive que les autres ont de nous et celle que nous avons de nous-mêmes. Lorsqu'il y a un écart entre l'identité voulue et l'identité ressentie, il se crée une situation de tension.

> Une étude, (Apsler, 1975) qui s'est déroulée en deux phases, était basée sur la réalisation d'un certain nombre d'activités; la première phase plaçait des femmes jeunes dans une situation qu'elles pouvaient ressentir comme plus ou moins ridicule : imiter la colère d'un petit enfant; rire pendant trente secondes en pensant à une histoire drôle; danser sur la musique d'un disque. La deuxième phase de l'expérience avait pour but d'exprimer, non plus le côté ridicule, mais le côté positif d'elles-mêmes, notamment à travers la façon dont elles pouvaient réagir par rapport à une demande d'aide. On leur demanda, pendant trois semaines, de noter leurs sentiments et leurs émotions durant une demi-heure par jour.

Les résultats montrent que les femmes qui s'étaient senties le plus ridicules dans la première partie de l'expérience étaient les plus empressées pour répondre à la demande d'aide qui leur avait été formulée ensuite. Les chercheurs en ont conclu que la réponse à la demande d'aide était une façon de recréer une image de soi positive, par rapport à la perturbation créée par le sentiment de ridicule.

Lorsqu'il y a dysfonctionnement entre le niveau de l'identité voulue et le niveau de l'identité ressentie, il se développe une réaction de compensation, qui consiste à déplacer sur une autre situation le manque à gagner.

b) Une autre conséquence de l'expression du Soi est liée au fait que celui-ci intervient toujours dans un **contexte social** : le Soi est un objet social que les autres évaluent à partir de leur façon de réagir à notre égard. Il constitue un miroir à travers lequel les individus peuvent faire leur évaluation personnelle.

Les situations sociales produisent ainsi un état de conscience de soi qui peut être tantôt positif, tantôt négatif. Un certain nombre de situations nous révèlent en permanence à nous-mêmes : le matin quand nous nous regardons dans le miroir; les photos; ce que les autres disent de nous. Tous ces éléments constituent des reflets du Soi, qui ne sont pas forcément en accord avec l'impression que nous voulons donner, et qui nous obligent à une réévaluation de notre image.

Une certaine conscience de soi s'impose, comme l'a montré Wicklund (1975), à partir de l'évaluation négative que nous faisons de l'image de nous-mêmes qui se reflète dans le monde social. D'après Wicklund, l'évaluation personnelle positive ou négative dépend de la nature de la divergence entre le Soi idéal et le Soi reflété.

Des études expérimentales ont essayé de cerner de quelle manière la conscience de soi pouvait déterminer l'évaluation personnelle. Les études de Wicklund (1975) ont notamment montré que la conscience de soi était déterminée par la situation et les activités que vivent les individus, mais on a remarqué que son niveau d'intensité était lié à une attention plus ou moins grande portée à l'environnement social. Plus une personne a une image de soi importante, moins elle sera centrée sur les éléments extérieurs.

Des études portant sur les modalités particulières de l'expression de la conscience de soi (Vallacher, 1978) ont fait apparaître plusieurs caractéristiques : les sujets qui ont un degré élevé de conscience de soi n'ont pas d'habileté très grande dans la résolution de problèmes ou de tâches; ils ont en revanche une évaluation d'eux-mêmes plus réaliste; enfin, ils font preuve d'une résistance plus grande à l'influence sociale, surtout si elle concerne leurs convictions personnelles.

Le Soi est ainsi un miroir sur lequel on focalise un certain nombre de caractéristiques de l'identité, et qui déclenche une évaluation, positive ou négative, pouvant inhiber ou raffermir la compétence sociale d'un individu.

2. L'appartenance sociale

L'identité se caractérise également par le fait que les individus se repèrent, dans le système social, en fonction des conditions sociales dans lesquelles ils se trouvent. La notion d'appartenance se réfère au fait que les individus sont situés quelque part, qu'ils entrent dans des catégories sociales données et qu'ils en acceptent, de façon plus ou moins explicite, les valeurs.

L'identité se caractérise donc par les systèmes d'insertion qui pèsent sur l'individu; sa vie en société se déroule à l'intérieur de divers regroupements sociaux qui organisent et définissent ce qu'il est. Les éléments d'appartenance qui composent l'identité peuvent être regroupés sous les points suivants.

2.1. LA PERSONNALITÉ DE BASE

L'identité passe tout d'abord par l'appartenance à une collectivité sociale plus ou moins vaste (pays, race, religion, croyance), qui imprime des manières de penser et de vivre, constituant ainsi l'assise large des conduites sociales. A cet égard, l'identité recouvre l'idée de personnalité de base (Kardiner, 1939).

La vie sociale marque l'identité par des formes d'appartenance plus ou moins définies. Certaines s'expriment sur un mode relativement formel : nous sommes membres de telle association, nous travaillons dans telle entreprise, nous sommes étudiants dans telle discipline. D'autres se déploient d'une manière plus informelle et se déroulent à travers des réseaux où les individus ont des échanges plus flexibles, par rapport aux rôles dans lesquels ils évoluent habituellement.

D'une façon large, notre appartenance à un système donné nous enferme dans des configurations relativement rigides qui, d'une part, rendent notre identité sociale typique mais, d'autre part, nous offrent des variations permettant de la moduler.

2.2. LES CATÉGORIES SOCIALES

De façon plus précise, l'identité sociale est déterminée par *l'insertion de l'individu dans des catégories* dont la classe ou le niveau social, ainsi que le groupe ethnique, apparaissent comme des éléments spécifiques. Comme nous l'avons vu dans le chapitre sur l'influence sociale, le fait, par exemple, d'appartenir à un groupe social victime de discrimination raciale ou le fait de faire partie d'une minorité influence les membres de ces groupes, dans leurs façons de ressentir ou d'exprimer leur identité.

2.3. LES VALEURS INTERNES DU GROUPE

Mais l'identité ne joue pas exclusivement en réaction aux autres groupes. Des études (Trimble, 1983) portant sur des groupes de Noirs ont montré que leur identité n'était pas uniquement liée aux réactions qu'ils avaient par rapport aux valeurs de la majorité blanche, mais également aux divers éléments valorisants qu'ils développaient à l'intérieur de leur groupe, pour créer et renforcer un niveau d'estime d'eux-mêmes qui pouvait être supérieur à celui des Blancs.

L'appartenance au groupe ethnique montre ainsi, comme nous l'avons déjà vu, la valeur interactive de l'identité sociale, qui ne s'exprime pas uniquement sur le mode appartenance/non-appartenance, mais aussi en fonction de la relation que les membres d'un groupe social donné ont par rapport aux valeurs internes qu'il produit.

2.4. L'APPARTENANCE SEXUELLE

Une des caractéristiques de l'identité qui a été la plus étudiée concerne l'appartenance au sexe masculin ou féminin. Ce sont, notamment, les différences entre l'homme et la femme quant au développement de l'identité qui ont été abordées (Sheehy, 1976).

Une étude (Block, Haan, 1971) a fortement mis en évidence les différences dans l'affirmation de l'identité, selon que l'on était un homme ou une femme. Pour les hommes, on a observé que ce développement s'effectuait de manière généralement positive, au fur et à mesure qu'ils prenaient de l'âge. En revanche pour les femmes, le développement de l'identité s'exprimait de façon souvent plus négative, plus problématique et plus conflictuelle. Alors que les hommes manifestaient, avec l'âge, plus de confiance, de satisfaction personnelle et de compétence, liées à leur statut social, les femmes avaient un sentiment plus négatif d'elles-mêmes en considérant que leurs attraits sexuels diminuaient; elles se montraient en outre plus résignées et soumises.

Dans cette même étude, on a également remarqué que, si le développement de l'identité était vécu de façon positive chez les hommes, il s'accompagnait en même temps d'une diminution progressive de leurs sentiments et de la tendresse. De leur côté, si les femmes étaient moins sûres d'elles avec l'âge, elles devenaient plus compréhensives et plus portées à garder leurs sentiments pour elles.

Les différences apparues dans le développement de l'homme et de la femme posent le problème de l'adéquation, plus ou moins satisfaisante, entre développement personnel et rôle social.

3. L'implication sociale

L'identité sociale n'est pas une réalité acquise une fois pour toutes; elle évolue au cours de la vie et se construit à travers les choix et les engagements plus ou moins prononcés (choix d'une carrière, choix d'un parti politique, choix d'un syndicat) qui vont lui donner des orientations et des significations nouvelles. L'implication sociale permet donc de dégager comment s'opère le passage d'une identité à une autre, et de quelle façon l'individu y adhère plus ou moins fortement.

Marcia (1966, 1978) a défini quatre formes d'identité suivant l'implication sociale d'un individu : l'affirmation de l'identité, le moratoire, le refus d'une identité propre et la dispersion. Ces éléments entrent en jeu lorsqu'un individu s'investit dans une autre identité, notamment au moment d'un choix professionnel.

3.1. L'AFFIRMATION DE L'IDENTITÉ

Elle correspond à l'engagement personnel et à la part de choix qu'un individu est capable d'assumer par rapport à une nouvelle réalité. Par exemple, on sait que bon nombre d'entre nous n'ont pas, ou guère de choix, et n'ont pas la possibilité de s'affirmer au niveau de leur travail. Dans ce domaine, l'affirmation de l'identité est fortement déterminée par les caractéristiques, plus ou moins valorisantes, de la catégorie sociale à laquelle on appartient. C'est parmi les membres des classes sociales les plus favorisées que l'affirmation de l'identité est théoriquement la plus élevée. Des études ont confirmé ce phénomène auquel on pouvait s'attendre (Watterman et Watterman, 1976).

3.2. LE MORATOIRE

Il caractérise l'incertitude et l'hésitation dans l'implication sociale et se manifeste par une volonté de surseoir à la décision de s'engager dans une orientation plutôt que dans une autre. Il s'agit d'une phase transitoire dans laquelle s'installent les individus.

Ce phénomène renvoie non seulement à des caractéristiques individuelles, mais aux situations sociales dans lesquelles les sujets sont plongés. L'allongement des études dans les sociétés industrielles installe bon nombre de jeunes dans cette phase d'indétermination qui, tout en leur conférant une identité « d'étudiant prolongé », augmente le temps pendant lequel ils sont plus ou moins installés dans une identité, en principe transitoire, mais qui constitue de plus en plus une identité réelle.

3.3. LE REFUS D'UNE IDENTITÉ PROPRE

Ce refus concerne l'entrée dans les divers rôles sociaux au cours de la vie, sans que l'individu ressente de crises particulières vis-à-vis de lui-même. Il endosse, en quelque sorte comme un habit, les diverses identités auxquelles il est contraint, sans jamais s'impliquer par rapport à elles : il choisit tel travail, sans se poser le problème de préférences personnelles, même si par ailleurs l'éventail des choix peut être limité. L'identité s'apparente, dans ce cas, à une non-identité ou à une identité d'emprunt qu'un nombre important d'individus adoptent, évitant ainsi de se poser la question de ce qu'ils veulent et d'affronter éventuellement les conflits que cela comporte.

3.4. LA DISPERSION

Il s'agit de l'idée d'une impossibilité de s'engager dans une identité donnée : c'est non seulement une non-implication, mais une indifférence. La dispersion de l'identité, comme l'ont mis en évidence certaines recherches (Marcia, 1978), concerne des individus peu stables dans leur emploi, qui ne manifestent aucun intérêt particulier pour une activité. Elle se caractérise par une pauvreté des relations interpersonnelles et une indétermination par rapport à la vie, qui les installe dans une attitude superficielle et une peur de s'engager.

Les caractéristiques ainsi dégagées permettent de saisir le poids des inscriptions sociales, à travers le sentiment que les individus ont de ce qu'ils sont.

C. LES MÉCANISMES DE L'IDENTITÉ SOCIALE

L'identité sociale n'est pas une donnée toute faite : elle se construit progressivement, notamment au cours de l'enfance, comme l'ont montré les travaux de Freud, de Piaget, de Mead. Les mécanismes de formation de l'identité vont certes jouer de façon particulière durant cette période, mais ils ne s'y limitent pas. Parmi les plus importants nous retiendrons successivement : l'identification, l'influence des référents sociaux, les processus d'évaluation personnelle et d'improvisation.

1. L'identification

L'identité se construit par rapport à « l'autre généralisé » (Mead). Le rapport à autrui est donc essentiel dans les mécanismes de formation de l'identité : c'est le monde social, à travers ces diverses composantes, qui constitue le lieu fondamental des identifications.

L'identification est un processus qui s'apparente d'abord au mécanisme d'attribution étudié précédemment : il s'agit de l'ensemble des catégorisations qui permettent de reconnaître les autres, d'après un ensemble de signes spécifiques, et de les situer, en conséquence, d'une façon claire dans une réalité donnée. Le système culturel d'un groupe ou d'une société comporte ainsi un ensemble de repères, avec lesquels chacun entre plus ou moins directement en contact et détermine ce à quoi il a à faire. Les travaux sur les identifications d'autrui (Mucchielli, 1980) précisent ce mécanisme.

> Au cours d'une expérience, il s'agissait d'identifier des individus sur deux photos, dont l'une montrait un Noir américain, batteur de jazz célèbre, arrivant à Paris dans une gare, pour un concert.

Les réponses font apparaître deux types d'identification. La première évalue le personnage selon le schéma suivant : Noir = immigré = ouvrier; gare = cheminot = porteur; casquette = élément renforçant l'identité d'un manœuvre bagagiste. La seconde prend en considération non pas l'enchaînement évident de stéréotypes, mais des indices permettant d'interpréter l'allure générale et d'identifier non un travailleur, mais un voyageur.

Ces expériences montrent que le processus d'identification s'élabore à partir d'une évaluation d'un ensemble d'éléments qui renforce des schémas appris à partir d'expériences antérieures.

L'identification se réfère ainsi à des modèles sociaux et culturels qui orientent nos comportements pour évaluer autrui; elle est socialement partagée, dans la mesure où nous acceptons telle réalité sociale comme étant ce que nous pensons devoir être.

Dans un autre sens, l'identification a été définie comme un processus dans lequel autrui sert de modèle à un individu (ou à un groupe) qui le fait sien, en l'incorporant à sa propre conduite par une intériorisation et une assimilation.

Les processus d'identification, mis en évidence par les travaux de Freud et la psychologie de l'enfant, ont montré la valeur essentielle des premiers modèles dans la formation de la personnalité. Ainsi les parents représentent à la fois une norme et un idéal pour l'enfant, qui va s'y conformer. L'identification est, dans ce sens, un processus interactif entre un idéal du moi, qui peut se définir comme ce que l'individu veut être le plus, et un surmoi, qui implique un rapport avec les normes introjectées du milieu parental. Ce processus est en œuvre tout au long de la vie dans la mesure où des modèles sont proposés à l'individu comme des valorisations de son identité. Celle-ci apparaît ainsi comme une structure intériorisée et dynamique, qui se modifie en fonction de la propre vie du sujet et de la réalité à laquelle il est confronté.

Du point de vue psychosociologique, l'identification définit l'ensemble de ces processus, mais dans leur rapport à l'environnement social. Elle peut s'opérer à travers la figure du héros, de la vedette, qui sert de modèle. Elle se réalise de façon plus large à travers les valeurs et les normes d'un groupe ou d'un système culturel, qui organisent l'imaginaire collectif et suscitent une adhésion par la possibilité qu'elles offrent aux individus de leur ressembler. Ainsi, dans les différentes sociétés, l'identification remplit une fonction sociale, dans la mesure où les données imaginaires, les croyances, font partie de l'information qui oriente le comportement de l'individu et assure, d'une certaine manière, la cohésion du système social. Les mécanismes d'identification permettent donc de comprendre que l'identité est une dimension relative aux diverses cultures, ce qui implique que les individus se pensent différemment en fonction des valeurs sociales qui organisent leur vie.

2. *L'influence des référents*

L'identité se construit à partir d'un ensemble d'éléments pris dans les catégories sociales existantes et qui lui servent de grille de lecture : on peut définir ces éléments comme des référents identitaires. La notion de référent (Sullivan, 1953) a été utilisée pour qualifier les individus qui marquent de façon particulière l'image que nous nous faisons de nous-mêmes.

Lorsque ces référents identitaires concernent un groupe, on les appelle groupe de référence (Hyman, 1942). Le concept de groupe de référence concerne non seulement les groupes sociaux, identifiés spécifiquement comme exerçant une influence dans la formation de l'identité, mais l'ensemble des référents psychosociaux : les rôles, les normes, les mentalités, les systèmes de valeurs et les symboles en œuvre dans la pyramide sociale.

Des analyses portant sur l'influence des référents (Feldman et Ruble, 1981) ont montré que l'identité correspondait à une sélection de signes repérés chez des personnes importantes tenant lieu de symboles pour l'individu. L'identité est ainsi un processus décisionnel complexe qui consiste à puiser, dans les caractéristiques d'un individu, des éléments à travers lesquels on essaie non seulement de lui ressembler, mais de faire l'objet d'une approbation de sa part.

L'identité ne se construit cependant pas uniquement à travers la relation avec un seul référent. Des études (Denzin, 1972) ont fait apparaître que l'identité fonctionnait par rapport à plusieurs référents. Au cours d'une expérience dans laquelle on a demandé à des étudiants d'établir une liste de personnes ou de groupes qui avaient de l'importance à leurs yeux, on a constaté, par exemple, que lorsqu'ils adoptaient une identité d'étudiant, c'était le corps enseignant qui était le référent principal à leurs yeux. En revanche, lorsqu'ils se mettaient dans la peau d'un individu non étudiant, c'étaient les amis et la famille qui devenaient le référent essentiel.

Les résultats de ces expériences montrent donc qu'en fonction des référents, nous avons plusieurs identités. Par ailleurs, les référents peuvent être distingués selon l'importance qu'ils ont par rapport à certains rôles sociaux ou selon qu'ils s'adressent à un élément particulier de notre personnalité.

L'influence des groupes de référence dans la formation de l'identité a été analysée à travers deux mécanismes : la comparaison sociale et l'influence normative.

— La notion de *comparaison sociale*, développée dans le chapitre sur l'influence, établit que les individus évaluent en permanence leurs opinions en les situant par rapport aux comportements d'autrui, car chacun cherche à être reconnu par les autres dans ce qu'il fait.

— De façon plus générale, l'identité se construit à travers *l'influence normative* des groupes sociaux auxquels on appartient ou auxquels on s'identifie. Le groupe de référence prend ainsi une valeur normative, d'une part, parce que nous désirons nous joindre à lui et, d'autre part, parce qu'il exerce un contrôle social sur nous. C'est donc le groupe normatif qui a une influence sur notre identité, en façonnant une vision de nous-mêmes et de l'environnement social. Ce groupe développe ainsi une structure de pensée qui permet d'orienter le comportement d'autrui et dispense un sentiment de sécurité et de confiance à ses membres. Ceux-ci définissent alors leur identité à travers les points de repère produits par le groupe auquel ils adhèrent.

Ainsi l'identité se construit en fonction, non pas tant de la culture globale, mais des groupes de référence normatifs dans lesquels on vit et auxquels on s'identifie, souvent affectivement : famille, classe, catégorie professionnelle. Ceux-ci façonnent nos idées, nos sentiments et nos habitudes, car ils constituent un noyau de notre identité sociale.

3. Imposition et improvisation

L'identité sociale a été considérée, par bon nombre de chercheurs, comme le résultat des déterminations que les autres ou le système social faisait peser sur nous : dans ce sens, elle équivaut à une acceptation passive des catégories sociales en œuvre et elle consiste, en somme, à entrer à l'intérieur de ces images et à s'y conformer. Aujourd'hui elle n'est plus considérée comme un processus automatique d'intériorisation des éléments sociaux qui nous assaillent et que nous intégrons purement et simplement. L'identité est plutôt définie comme un processus actif et conflictuel, qui montre que si les valeurs et normes sociales sont en œuvre, elles sont partie intégrante d'un système d'interaction complexe, où notre position vis-à-vis d'elles est également un facteur essentiel. Dans ce sens, l'identité apparaît comme un système d'évaluation, d'improvisation et de négociation.

3.1. L'IDENTITÉ EST TOUT D'ABORD UN MÉCANISME D'ÉVALUATION

Dans la mesure où le système social nous propose habituellement plusieurs possibilités, nous avons à nous déterminer par rapport à ce que nous voulons faire. L'engagement, vis-à-vis de l'identité qui nous est proposée, s'effectue donc à partir d'une évaluation qui nous permet de nous définir plus ou moins fortement et clairement. En effet, dans certains cas les éléments de l'identité sont plus ou moins imposés, dans d'autres ils correspondant davantage à nos aspirations et à notre individualité.

Ce processus indique que l'identité n'est pas un résultat pur et simple des contraintes; nous n'avons pas à nous plier passivement à elles, mais nous pouvons encore faire un choix relatif. Ainsi l'individu peut à la fois synthétiser les éléments du fonctionnement social et contrôler son ajustement à lui, en procédant à une décision d'investissement satisfaisante pour lui.

3.2. L'IDENTITÉ EST UN SYSTÈME D'IMPROVISATION

La plupart des valeurs et des normes qui nous sont imposées admettent des interprétations diverses; elles laissent des marges de manœuvre et permettent une improvisation relative en fonction des circonstances. Il apparaît, en outre, que les changements sociaux s'accompagnent d'une relativisation des valeurs et des modèles; celle-ci provient d'une mise en cause des valeurs existantes et favorise l'ouverture vers d'autres valeurs. Les communications de masse ont, par exemple, été les vecteurs de l'introduction d'autres modèles de référence, en offrant de nouveaux choix. Ainsi l'identité apparaît comme la possibilité d'une certaine liberté par rapport à l'ensemble des contraintes sociales.

3.3. L'IDENTITÉ EST UN SYSTÈME DE NÉGOCIATION

L'identité sociale n'est pas toute faite d'avance, mais le fait d'assigner un rôle social à l'individu montre que nous ne sommes toutefois pas entièrement libres de choisir notre identité. Celle-ci résulte d'une négociation qui a été étudiée sous deux angles distincts.

Tout d'abord McCall et Simmons (1978) ont établi que notre identité résulte d'une négociation avec nous-mêmes : elle doit s'harmoniser avec le sentiment de soi. En effet, l'incorporation des modèles sociaux est un processus qui peut produire des perturbations profondes, dans la mesure où certains rôles, incompatibles avec un sentiment profond de soi, créent un malaise et s'accompagnent d'un sentiment d'aliénation.

Par ailleurs, l'identité est aussi une réponse individuelle aux exigences sociales; dans ce sens elle apparaît comme un compromis entre nos désirs et les pressions qu'autrui et le contexte social exercent sur nous. C'est pourquoi l'identité est par nature conflictuelle : elle place l'individu dans des situations où il est en permanence tiraillé entre un désir d'accomplissement, des orientations personnelles et la logique sociale, les modèles qu'elle propose, plus ou moins en contradiction avec les premiers.

L'identité se définit enfin comme un processus incertain, car on ne sait jamais au départ jusqu'à quel point la machine sociale parvient à faire de nous ce que nous ne pensons pas et ne voulons pas être. Mais, d'un autre côté, l'identité est un mécanisme social inévitable, dans la mesure où la consistance de chaque individu est, par ce biais, mise à l'épreuve de la réalité. Face au poids des influences sociales variées, l'identité est un processus intégrateur qui permet à chacun d'éprouver qui il est, d'élaborer une compréhension de soi et une interprétation du monde.

En psychologie sociale, le concept d'identité articule le noyau dur de l'individu formé par sa personnalité et l'idée qu'il a de lui-même, avec l'ensemble des facteurs qui, dans le contexte social dans lequel il est inscrit, agissent sur lui. Si elle est, par bien des aspects, une identité donnée socialement, dans la mesure où elle correspond aux caractéristiques sociales de l'individu, elle est néanmoins une synthèse intégratrice des interactions existant entre l'individu et la société. L'identité sociale est le point où se focalisent les composantes sociales et psychologiques, à l'intérieur d'une structure affective et cognitive qui permet à l'individu de se représenter qui il est, et d'échanger avec le monde social qui l'entoure.

LECTURES CONSEILLÉES

Ouvrages anglais

ERIKSON E.H., (1974) : *Dimensions of a new identity*. New York, Norton.

KOHUT H., (1977) : *The Restauration of Self*. New York, International University Press.

McCALL G.J., SIMMONS J.L., (1978) : *Identities and interactions* (rev. ed.). New York, Free Press.

Ouvrages français

ERIKSON E.H., (1968) : *Adolescence et crise : la quête de l'identité*. Paris, Flammarion, 1972.

FREUD S., (1921) : « Psychologie collective et analyse du moi. » In : *Essais de psychanalyse*. Paris, Payot, 1970.

KARDINER A., (1939) : *L'individu dans sa société*. Paris, Gallimard, 1969.

LAING R.D., (1961) : *Soi et les autres*. Paris, Gallimard, 1971.

LINTON R., (1945) : *Le fondement culturel de la personnalité*. Paris, Dunod, 1959.

MEAD G.M., (1934) : *L'esprit, le soi et la société*. Paris, P.U.F., 1963.

MUCCHIELLI A., (1980) : *Les réactions de défenses dans les relations interindividuelles*. Ed. E.S.F. et Libr. tech.

MUCCHIELLI A., (1986) : *L'identité*. Paris, P.U.F., coll. « Que sais-je ? ».

TAP P. (sous la dir.), (1980) : *Identités collectives et changements sociaux*. Toulouse, Privat.

TOURAINE A., (1974) : *Pour la sociologie*. Paris, Le Seuil, coll. « Points ».

ZAVALLONI M., (1972) : « L'identité psychosociale, un concept à la recherche d'une science. » In : *Introduction à la psychologie sociale* de S. Moscovici, t. 2, 245-263.

ZAVALLONI M., LOUIS-GUÉRIN C., (1984) : *Identité sociale et conscience. Introduction à l'égo-écologie*. Toulouse, Privat ; Montréal, P.U.M.

Bibliographie

La bibliographie ci-dessous ne couvre pas le champ de la psychologie sociale, mais se réfère principalement aux concepts étudiés et aux auteurs cités dans le texte. A la fin de chaque chapitre, figure un guide sommaire de lectures comportant des ouvrages en anglais et en français sur les thèmes abordés; il a pour but de permettre un approfondissement des notions, soit sous forme de travail personnel, soit sous forme de travaux dirigés.

ADORNO T.W., FRENKEL-BRUNSWIK E., LEVINSON D.J., SANFORD R.N., (1950) : *The authoritarian personality*. New York, Harper & Row.

AINSWORTH M.D.S., BELL S.M., STAYTON D.J., (1972) : « L'attachement de l'enfant à sa mère ». In : *La recherche,* vol. 3, n° 24, 517-522.

AINSWORTH M.D.S., BLEHAR M.C., WATERS E., WALL S., (1978) : *Patterns of attachment : assessed in strange situation and a home*. Hillsdale, N.J. Erlbaum.

ALBERONI F., (1963) : *L'elita senze potere*. Milano, Ricerca sociologica sul divismo.

ALLEN V.L., LEVINE J.M., (1969) : « Consensus and conformity ». In : *Journal of Experimental Social Psychology,* 4, 389-399.

ALLPORT F.H., (1924) : *Social psychology*. Boston, Houghton Mifflin.

ALLPORT G.W., (1937) : *Structure et développement de la personnalité*. Trad. franç., Delachaux-Niestlé, (1970).

ALLPORT G.W., (1954) : *The Nature of prejudice reading*. Mass. Addison-Wesley.

ALLPORT G.W., POSTMAN L.J., (1965) : « Les bases psychologiques des rumeurs. » In : Lévy A., *Psychologie sociale. Textes fondamentaux anglais et américains.* Paris, Dunod, 170-185.

ALTMAN I, TAYLOR D.A., (1973) : *Social penetration : The development of interpersonal relationships*. New-York, Holt, Rinehart and Winston.

ALTMAN I., TAYLOR D.A., WHEELER L., (1971) : « Ecological aspects of group behavior in social isolation ». In : J*ournal of Applied Social Psychology*, 1, 76-100.

ANDERSON N.H., (1978) : « Cognitive algebra : Integration theory applied to social attribution ». In : Berkowitz L., *Cognitive theories in social psychology*. New York, Academic Press.

APSLER R., (1975) : « Effects of embarrassment on behavior toward others ». In : *Personality & Social Psychology*, 32, 1, 145-153.

ARENDT H., (1961) : *La condition de l'homme moderne*. Paris, Calmann-Lévy.

ARGYLE M., (1975) : *Bodily communication*. New York, International Universities Press.

ARGYLE M., LEFEBVRE L., COOK M., (1974) : « The meaning of five patterns of gaze ». In : *European Journal of Social Psychology*, 4, 125-136.

ASCH S.E., (1946) : « Forming impressions of personality ». In : *Journal of Abnormal and Social Psychology*, 41, 258-290.

ASCH S.E., (1951) : « Effects of group pressure on the modification an distortion of judgments ». In : Guetzkow H., *Groups, leadership and men*. Pittsburgh, Carnegie.

ASCH S.E., (1952) : *Social Psychology*. New York, Prentice Hall.

ASCH S.E., (1955) : « Opinions and social pressure ». In : *Scientific American*, 193, 31-35.

BALES R.F., (1950) : *Interaction process analysis. A method for the study of small groups*. Reading Mass, Addison Wesley.

BALES R.F., (1970) : *Personality and interpersonal behavior*. New York, Holt, Rinehart & Winston.

BANDURA A., (1977) : *Social learning theory*. Englewood Cliffs, N.J. Prentice Hall.

BATESON G., (1951) : « Codage et valeur ». In : Lévy A., *Psychologie sociale. Textes fondamentaux anglais et américains* (1970), 186-192.

BATESON N., (1966) : « Familiarization, group discussion and risk taking ». In : *Journal of Experimental Social Psychology*, 2, 119-129.

BAVELAS A., (1950) : « Communication problems in task-oriented groups ». In : *Acoustical Society of America Journal*, 22, 727-730.

BEAUVOIS J.L., GHIGLIONE R., (1981) : *L'homme et son langage*. Paris, P.U.F.

BELLEZZA F.S., BOWER G.H., (1981) : « Person stereotypes and memory for people ». In : *Journal of Personality and Social Psychology*, 41, 5, 856-865.

BERELSON B., (1952) : *Content analysis in communications research*. New York, Free Press.

BERGER E., LUCKMAN T., (1966) : *The social construction of reality*. New York, Double Day.

BERNOUX P., (1985)) : *Sociologie des organisations*. Paris, Le Seuil.

BERSCHIED E., WALSTER E.H., (1969) : *Interpersonal attraction*. Reading Mass, Addison-Wesley.

BION W.R., (1965) : *Recherche sur les petits groupes*. Paris, P.U.F.

BIRDWHISTELL R.L., (1970) : *Kinesics and context*. New York, Ballantine Books.

BIRDWHISTELL R.L., (1974) : « The language of the body. The natural environment of works ». In : Silversten A., *Human communications : Theoretical explanations*. New York, Wiley.

BLAKAR R.M., (1979) : « Language as a means of social power ». In : Rommetveit R., Blakar R.M., *Studies of language, thought and verbal communication*. London, Academic Press.

BLAKE R.R., HELSON H., MOUTON J.S., (1957) : « The generality of conformity behavior as a function of factual anchorage difficulty of task and amount of social pressure. » In : *Journal of Personality*, 25, 294-305.

BLANCHET A. & all, (1985) : *L'entretien dans les sciences sociales*. Paris, Dunod.

BLOCK J.H., HAAN N., (1971) : *Lives through time*. Berkeley, Cal., Bancroft Press.

BLOOD R.O., (1967) : *Love match and arranged marriage*. New York, Free Press.

BLUMER H., (1969) : *Symbolic interactionism*. Englewood Cliffs, N.J. Prentice-Hall.

BOWLBY J., (1969) : *Attachment and loss*, vol. 1. New York, Basic Books.

BRAIN R., (1976) : *Friends and lovers*. New York, Basic Books.

BREHM J.W., (1966) : *A theory of psychological reactance*. New York, Academic Press.

BREHM J.W., MANN M., (1975) : « Effect of importance of freedom and attraction to group members on influence produced by group pressure. » In : *Journal of Personality and Social Psychology*, 31, 816-828.

BREHM S.S., (1984) : « Les relations intimes. » In : Moscovici S., *Psychologie sociale*. Paris, P.U.F., 169-191.

BRONFENBRENNER U., (1979) : *The ecology of human development. Experiments by nature and design*. Cambridge, Mass Harvard University Press.

BROWN R.W., (1965) : *Social psychology*. New York, Free Press.

BRUNER J.S., TAGUIRI R., (1954) : « Person perception. » In : Lindzey G., *Handbook of social psychology*, 2. Reading, Mass., Addison-Wesley.

BULMAN R.J., WORTMAN C.B., (1977) : « Attributions of blame and coping in the "real world", severe accident victims react to their lot. » In : *Journal of Personality & Social Psychology*. 35, 5, 351-363.

BURNSTEIN E., VINOKUR A., (1977) : « Persuasive argumentation and social comparison as determinants of attitude polarization. » In : *Journal of Experimental Social Psychology*, 13, 315-330.

BUSS A.R., (1979) : *Psychology in social context*. New York, Irvington Press.

CASTELLAN Y., (1970) : *Initiation à la psychologie sociale*. Paris, Armand Colin.

CHERRY C., (1957) : *On human communication*. New York, J. Wiley éd.

CHOMBART de LAUWE M.J., (1967) : *La femme dans la société. Son image dans différents milieux sociaux*. Paris, Centre national de la recherche scientifique.

CLARK K.B., CLARK M.P., (1947) : « Racial identification and preference in Negro children. » In : Newcomb T.M., Hartley E.L., *Readings in social psychology*. New York, Holt, Tinehart & Winston.

CLORE G.L., BYRNE D., (1974) : « A reinforcement affect model of attraction. » In : Huston T., *Foundations of interpersonal attraction*. New York, Academic Press.

CODOL J.P., (1976) : « On the so-called "superior conformity of the self" behaviour : Twenty experimental investigations. » In : *European Journal of Social Psychology*, 5, 457-501.

COHEN E., SAMPSON E.E., (1975) : *Distributive justice. A preliminary study of children's equal and equitable allocations of rewards using the doll play technique*. Communication présentée à l'Esastern Psychological Association, New York.

COMTE A., (1830-1842) : *Cour de philosophie positive*, Paris, Bachelier.

COOLEY C.H., (1902) : *Human nature and the social order*. New York, Scribner's.

CROZIER M., (1971) : *La société bloquée*. Paris, Le Seuil.

CROZIER M., FRIEDBERG E., (1977) : *L'acteur et le système*. Paris, Le Seuil.

CRUTCHFIELD R.S., (1955) : « Conformity and character. » In : *American Psychologist*, 10, (191-(198.

CULBERTSON F., (1957) : « The modification of an emotionally held attitude through role playing. » In : *Journal of Abnormal and Social Psychology*, 54, 230-233.

DASHIELL J.F., (1935) : « Experimental studies of the influence of social situations on the behavior of individual human adults. » In : Murchison C., *Handbook of Social Psychology*. Worcester, Mass, Clark University Press.

D'AUGELLI J.F., D'AUGELLI A.R., (1979) : « Sexual involvement and relationship development. » In : Burgess R.L., Huston T.L., *Social exchange in developing relationships*. New York, Academic Press.

DAVAL R., BOURRICAUD F., DELAMOTTE Y., DORON R., (1967) : *Traité de psychologie sociale*, 2 tomes. Paris, P.U.F.

DAVID J., (1982) : « La Suisse dans les manuels français. » In : *Bulletin de la société Neuchateloise de géographie*, 28, 119-130.

DAVIS J.D., (1977) : « Effects of communication about intrapersonal processes on the evolution of self disclosure to dyads. » In : *Journal of Personality and Social Psychology*, 35, 1, 31-37.

DECONCHY J.P., (1980) : *Orthodoxie religieuse et sciences humaines*. Paris, La Haye, Mouton.

DECONCHY J.P., (1984) : « Systèmes de croyances et représentations idéologiques. » In : Moscovici S., *Psychologie sociale*, Paris, P.U.F., 321-355.

DENZIN N., (1972) : « The significant others of a college population. » In : Manis J.G., Meitzer B.N., *Symbolic interaction : A reader in social psychology*. Boston, Allyn & Bacon, 185-(196.

DEUTSCH M., (1975) : « Equity, equality and need : What determines which value will be used as the basis for distributive justice. » In : *Journal of Social Issues*, 31, 137-149.

DEUTSCH M., GERARD H.B., (1955) : « Etude des influences normatives et informationnelles sur le jugement individuel. » In : Faucheux C., *Psychologie sociale théorique et expérimentale*. Paris, Maloine, (1971).

DEUTSCH M., KRAUSS R.M., (1962) : The effect of threat on interpersonal bargaining. In : *Journal of Abnormal and Social Psychology*, 16, 181-189.

DION K., (1972) : « Physical attractiveness and evaluation of children's trangressions. » In : *Journal of Personality & Social* Psychology, 24, 207-213.

DODD S.C., (1953) : « Testing message diffusion in controlled experiments. » In : *Amer. Soc. Rev.*, 18, 410-416.

DOISE W., (1973) : « Relations et représentations inter-groupes. » In : Moscovici S., *Introduction à la psychologie sociale* t. 2. Paris, Larousse, 194-211.

DOISE W., (1982) : *L'explication en psychologie sociale*. Paris, P.U.F.

DOISE W., DESCHAMPS J.C., MUGNY G., (1978) : *Psychologie sociale expérimentale*. Paris, Armand Colin.

DURKHEIM E., (1893) : *De la division du travail social*. Paris, P.U.F., 1965.

DURKHEIM E., (1897) : *Le suicide, étude sociologique*. Paris, P.U.F., 1960.

DURKHEIM E., (1898) : « Représentations individuelles et représentations collectives. » In : *Revue de métaphysique et de morale*, VI, 273-302.

DUVAL S., (1972) : *Conformity as a function of perceived level of personal uniqueness and being reminded of the object statuts of self*. Thèse de doctorat inédite. University of Texas, Austin.

EKMAN P., (1978) : « Facial expression. » In : Siegman A.W., Feldstein S., *Nonverbal behavior and communication*. Hillsdale, N.J. Lawrence Erlbaum.

EKMAN P., FRIESEN W.V., (1969) : « Nonverbal leakage and clues to deception. » In : *Psychiatry*, 32, 88-106.

EKMAN P., FRIESEN W.V., (1974) : « Detecting deception from the body or face. » In : *Journal of Personality and Social Psychology*, 29, 288-298.

EMERY M.E., SMYTHE T.L., (1980) : *Mass communications.* Iowa, Readings Brown Pub.

ERIKSON E.H., (1968) : *Adolescence et crise, la quête de l'identité.* Trad. franç., Flammarion, (1972.

ERIKSON E.H., (1974) : *Dimensions of a new identity.* New York, Norton.

FAUCHEUX C., MOSCOVICI S., (1967) : « Le style de comportement d'une minorité et son influence sur les réponses d'une majorité. » In : *Bulletin du C.E.R.P.*, 16, 337-360.

FELDMAN N.S., RUBLE D.N., (1981) : « Social comparison strategies : dimensions offered and options taken. » In : *Personality and Social Psychology Bulletin*, 7, 1, 11-16.

FENIGSTEIN A., SCHEIRR M.F., BUSS A., (1975) : « A public and private self-consciousness : assessment of theory. » In : *Journal of Consulting & Clinical Psychology*, 43, 4, 522-527.

FESTINGER L., (1954) : « Théorie des processus de comparaison sociale. » In : Faucheux C., *Psychologie sociale théorique et expérimentale*, Paris, Maloine, (1971).

FESTINGER L., (1957) : *A theory of cognitive dissonance.* Stanford, Calif. Stanford University Press.

FESTINGER L., ARONSON E., (1965) : « Eveil et réduction de la dissonance dans des contextes sociaux. » In : Lévy A., *Psychologie sociale*, op. cit. 193-211.

FESTINGER L., CARLSMITH J.M., (1959) : « L'accord forcé : ses conséquences au niveau cognitif. » In : Faucheux C., *Psychologie sociale théorique et expérimentale*, Paris, Maloine (1971).

FESTINGER L., KATZ D., (1959) : *Les méthodes de recherche dans les sciences sociales.* Paris, P.U.F.

FESTINGER L., PEPITONE A., NEWCOMB T., (1952) : « Some consequences of the individuation in a group. » In : *Journal of Abnormal and Social Psychology*, 47, 382-389.

FESTINGER L., SCHACHTER S., BACK K., (1950) : *Social pressures in informal groups. A study of human factors in housing.* New York, Harper and Row.

FISCHER G.N., (1980) : *Espace industriel et liberté. L'autogestion clandestine.* Paris, P.U.F., coll. « Espace et liberté ».

FISCHER G.N., (1981) : *La psychosociologie de l'espace.* Paris, P.U.F., coll. « Que sais-je ? », n° 1925.

FISCHER G.N., (1983) : *Le travail et son espace*. Paris, Dunod, coll. « Les pratiques de l'espace ».

FLAMENT C., (1965) : *Réseaux de communication et structure de groupe*. Paris, Dunod.

FOA E.B., FOA U.G., (1974) : Societal structures of the mind. Springfield, III, Charles C. Thomas.

FOA E.B., FOA U.G., (1980) : « Resource theory : interpersonal behavior as exchange. » In : Gergen K.J., Greenberg M.S., Willis R.H., *Social exchange : advances in theory and research*. New York, Plenum.

FRAISSE P., PIAGET J., (1969) : « Psychologie sociale ». In : *Traité de psychologie expérimentale*, tome IX. Paris, P.U.F.

FREUD S., (1921) : « Psychologie collective et analyse du moi. » In :*Essais de psychanalyse*, Paris, Petite bibliothèque Payot, (1970.)

FREUD S., (1929) : *Malaise dans la civilisation*. Paris, P.U.F., (1971).

GERGEN K.J., (1976) : « Social psychology, science & history. » In : *Personality and Social Psychology Bulletin*, 2, 373-383.

GERGEN K.J., GERGEN M.M., (1981) : *Social psychology*. New York, Harcourt Brace Jovanovich Inc.

GERGEN K.J., MORSE S.J., BODE K.A., (1974) : « Overpaid or overworked ? Cognitive and behavioral reactions to inequitable rewards. » In : *Journal of Applied Social Psychology*, 4, 259-274.

GHIGLIONE R., (1981) : « Le jeu et les enjeux. » In : *Champs éducatifs*, 2, 11-29.

GHIGLIONE R., (1983) : « Systèmes de communication, contrats de communication. » In : *Bulletin de psychologie*, XXXVII, 365, 545-558.

GHIGLIONE R., (1983) : Systèmes de communication, contrats de communication. In : *Champs éducatifs*, 4, 9-25…

GHIGLIONE R., (1986) : *L'homme communiquant*. Paris, Armand Colin, coll. « U ».

GHIGLIONE R., BEAUVOIS J.L., CHABROL C., TROGNON A., (1980) : *Manuel d'analyse de contenu*. Paris, Armand Colin.

GIRARD A., (1974) : *Le choix du conjoint*. Paris, P.U.F.

GOFFMAN E., (1973) : *La mise en scène de la vie quotidienne*. Paris, éditions de Minuit, 2 tomes.

GOLLIN E., (1954) : « Forming impressions of personality. » In : *Journal of Personality*, 23, 65-76.

GOTTMAN T.M., (1979) : *Experimental investigation of marital interaction.* New York, Academic Press.

GREENWALD A.G., (1980) : « The totalitarian ego. Fabrication and revision of personal history. » In : *American Psychologist*, 35, 603-618.

GRIFFITT W., VEITCH R., (1974) : « Preacquaintance attitude similarity and attraction revisited : ten days in a fallout shelter. » In : *Sociometry*, 37, 163-173.

GRITTI J., (1978) : *Elle court, elle court la rumeur*. Montréal, Stanké.

HALL E.T., (1966) : *La dimension cachée*. Paris, Le Seuil, (1971).

HAMILTON D.L., BISHOP G.D., (1976) : « Attitudinal and behavioral effects of initial integration white suburban neighborhoods. » In : *Journal of Social Issues*, 32, 47-56.

HAMNER W.C., YUKL G.A., (1977) : « The effectiveness of different offer strategies in bargaining. » In : Druckman D., *Negotiations : socialpsychological perspectives*. London, Sage Publications.

HARLOW H.F., (1958) : « The nature of love. » In : *American Psychologist*, 13, 673-685.

HARLOW H.F., HARLOW M.K., (1972) : « The young monkeys. » In : Kramer P.K., *Readings in psychology today*. Delmar, Cal. : C.R.M. Books.

HARNETT D.L., CUMMINGS L.C., HAMNER W.C., (1973) : Personality, bargaining style and payoff in bilateral monopoly bargaining among European Managers. *Sociometry*, 36, 325-345.

HEIDER F., (1946) : « Attitudes et organisation cognitive. » In : Faucheux C. *Psychologie sociale théorique et expérimentale*. Paris, Maloine, (1971).

HEIDER F., (1958) : *The psychology of interpersonal relations*. New York, John Wiley and Sons.

HEIDER F., (1965) : « La perception d'autrui. » In : Lévy A., *Psychologie sociale. Textes fondamentaux anglais et américains*, 120-124.

HERZLICH C., (1969) : *Santé et maladie. Analyse d'une représentation sociale*. Paris, Mouton.

HESHKA S., NELSON Y., (1972) : « Interpersonal speaking distance as a function of age, sex and relationship. » In : *Sociometry*, 35, 491-498.

HOLLANDER E.P., HUNT R.G., (1976) : *Current perspectives in social psychology*. London, University Press.

HOLMES J.G., MILLER D.T., (1976) : « Interpersonal conflict. » In : Thibaut J.W., Spence J.T., Carson R.C., *Contemporary topics in social psychology*. Morristown, N.J. : General Learning Press.

HOMANS G.C., (1974) : *Social behavior in its elementary forms* ed. rev.. New York, Harcourt Brace Jovanovich.

HUSTON T., (1974) : *Foundations of interpersonal attraction*. New York, Academic Press.

HYMAN H.H., (1942) : « The psychology of status. » In : *Archives of Psychology*, 38, n° 269.

JANSSENS L., NUTTIN J.R., (1976) : « Frequency perception of individual and group success as a function of competition, coaction and isolation. » In : *Journal of Personality and Social Psychology*, 34, 830-836.

JODELET D., (1976) : *La représentation sociale du corps*. Paris, Cordes.

JODELET D., (1984) : « Représentations sociales : phénomènes, concepts et théorie. » In : Moscovici S., *Psychologie sociale*. Paris, P.U.F., 357-378.

JONES C., ARONSON E., (1973) : « Attribution of fault to a rape victim as a function of respectability of the victim. » In : *Journal of Personality and Social Psychology*, 26, 415-419.

JONES E.D., DAVIS K.E., (1965) : « From acts to dispositions : the attribution process in person perception. » In : Berkowitz L. *Advances in experimental social psychology*. vol. 2. New York, Academic Press, 219-266.

KAËS R., (1968) : *Images de la culture chez les ouvriers français*. Paris, Cujas.

KAPFERER J.N., (1987) : *Rumeurs*. Paris, Le Seuil.

KAPLAN M.F., (1975) : « Information integration in social judgment : interaction of judge and informational components. » In : Kaplan M., Schwartz S.S., *Human judgment and decision processes*. New York, Academic Press.

KARDINER A., (1939) : *L'individu dans sa société*. Trad. franç., Gallimard, (1969).

KATZ D., KAHN R.L., (1978) : *The social psychology of organizations*. New York, Wiley.

KELLEY H.H., (1967) : « Attribution theory in social psychology. » In : Levine D., Nebraska symposium on motivation vol. 15. Lincoln, University of Nebraska Press, 192-238.

KELLEY H.H., (1971) : *Attribution in social interaction*. Morristown, N.J. : General learning Press.

KELVIN P., (1977) : « Predictability, power and vulnerability in interpersonal attraction. » In : Duck S., *Theory and practice in intra-personal attraction*. New York, Academic Press.

KERCKHOFF A.C., BACK K.W., (1968) : *The june bud. A study of hysterical contagion*. New York, Appleton-Century-Crofts.

KIESLER C.A., KIESLER S.B., (1969) : *Conformity*. Reading, Mass. : Addison-Wesley.

KLAPPER J.T., (1960) : *The effects of the mass media*. New York, Columbia University, Bureau of Applied Social Research.

KNOPF T.A., (1975) : *Rumors, race & riots*. New-Brunswick, N.J. : Transaction Books.

KOHUT H., (1977) : *The restauration of the self*. New York, International University Press.

LAING R.D., (1961) : *Soi et les autres*. Trad. franç., Gallimard, (1971).

LANDY D., SIGALL H., (1974) : « Beauty is talent : task evaluation as a function of the performer's physical attractiveness. » In : *Journal of Personality and Social Psychology*. 29, 299-304.

LATANE B., NIDA S., (1980) : « Social impact theory and group influence. A social engineering perspective. » In : Paulus P.B., *Psychology of group influence*. Hillsdale, N.J. Lawrence Erlbaum.

LATANE B., WOLF S., (1981) : « The social impact of majorities and minorities. » In : *Psychological Review*, 88, 438-453.

LAZARFELD P.F., BERELSON B., GAUDET H., (1948) : *The people's choice*. New York, Columbia University Press.

LEAVITT H.J., (1951) : « Quelques effets de divers réseaux de communication sur la performance en groupe. » In : Lévy A., *Psychologie sociale. Textes fondamentaux anglais et américains*. Paris, Dunod, (1965), 293-316.

LEAVITT H.J., (1951) : « Applied organizational change in industry : structural, technological and humanistic approaches. » In : Marc J.G., *Handbook of organization*. Chicago, Rand McNally.

LE BON G., (1895) : *La psychologie des foules*. Nouv. éd., Paris, P.U.F., (1963).

LEMAINE G., DESPORTES J.P, LOUARN J.P., (1969) : Rôle de la cohésion et de la différenciation hiérarchique dans le processus d'influence sociale. » In : *Bulletin du C.E.R.P.*, 18, 237-253.

LEVENTHAL G.W., (1980) : What should be done with equity theory ? New approaches to the study of fairness in social relationships. Gergen K.J., Greenberg M.S., Willis R.H. *Social Exchange : Advances in theory and research*, New York, Plenum.

LEVINE J.M., (1980) : « Reaction to opinion deviance in small groups. » In : Paulus P.B., *Psychology of group influence*. Hillsdale, N.J. Lawrence Erlbaum.

LEVINGER G., SNOEK J.D., (1972) : *Attraction in relationships : a new look at interpersonal attraction*. Morristown, N.J. : General Learning Press.

LEVI-STRAUSS C., (1958) : *Anthropologie structurale*. Paris, Plon.

LEVY A., (1965) : *Psychologie sociale. Textes fondamentaux anglais et américains*. Paris, Dunod.

LEWIN K., (1941) : « Self hatred among Jews. » In : *Contemporary Jewish Record*, 4, 219-232.

LEWIN K., (1951) : *Field theory in social sciences*. New York, Harper and Row.

LEYENS J.P., (1979) : *Psychologie sociale*. Bruxelles, Mardaga.

LEYENS J.P., SCHADRON T., (1980) : « Porque discriminam mais os grupos que os individuos. Categorizaçao ou pretexts ? » In : *Psicologia*. 1, 161-168.

LINDSAY P.H., NORMAN D.A., (1977) : *Human information processing : an introduction to psychology*. New York, Academic Press.

LINDZEY G., BYRNE D., (1968) : « Measurement of social choice and interpersonal attractiveness. » In : Lindzey G., Aronson E., *Handbook of social psychology*. Reading, Mass, Addison-Wesley.

LINTON R., (1945) : *Le fondement culturel de la personnalité*. Trad. franç., Dunod, (1959).

LIPPMANN W., (1922) : *Public opinion*. New York, Harcourt Brace Jovanovich.

McCALL G.J., SIMMONS J.L., (1978) : *Identities and interactions* rev. ed.. New York, Free Press.

McDOUGALL W., (1908) : Introduction to social psychology. London, Methuen and Co.

McGUIRE W.J., PADAWER-SINGER T., (1976) : « Trait salience in the spontaneous self-concept. » In : *Journal of Personality and Social Psychology*, 33, 743-754.

McLUHAN M., (1964) : *Understanding media.* New York, McGraw Hill.

McLUHAN M., (1967) : *The medium is the massage : an inventory of effects.* New York, Random House et Bantam Books.

MACCOBY E., MASTERS J.C., (1970) : « Attachment and dependency. » In : Mussen P.H., *Carmichael's manual of child psychology.* New York, Wiley.

MAISONNEUVE J., (1966) : *Psychosociologie des affinités.* Paris, P.U.F.

MAISONNEUVE J., (1970) : *La dynamique des petits groupes.* Paris, P.U.F.

MAISONNEUVE J., (1973) : *Introduction à la psychosociologie.* Paris, P.U.F.

MAISONNEUVE J., (1981) : *La psychologie sociale.* Paris, P.U.F., coll. « Que sais-je ? ». 458

MANIS J.G., MELTZER B.N., (1972) : *Symbolic interaction : a reader in social psychology* 2e éd.. Boston, Allyn and Bacon.

MARCIA J.E., (1966) : « Development and validation of ego-identity status. » In : *Journal of Personality and Social Psychology*, 3, 5, 551-558.

MARCIA J.E., (1978) : « *Studies in ego identity. Unpublished monograph.* » Vancouver, Simon Fraser University.

MARKUS H., (1977) : « Self-schemata and processing information about the self. » In : *Journal of Personality and Social Psychology*, 35, 53-78.

MEAD G.H., (1934) : *L'esprit, le Soi et la société.* Trad. franç. P.U.F., (1963).

MEAD G.H., (1956) : *On social psychology.* Strauss A. Chicago, University of Chicago Press.

MEHRABIAN A., (1972) : *Nonverbal communication.* Chicago, Aldine-Atherton.

MERTON R.K., (1949) : *Social theory and social structure; toward the codification of theory and research.* Glencoe, The Free Press.

MICHOTTE A., (1946) : *La perception de la causalité.* Paris, Erasme.

MIKULA G., SCHWINGER T., (1978) : « Intermember relations and reward allocation : theoretical considerations of affects. » In : Brandstätter H., Davis J.H., Schuler H., *Dynamics of group decisions.* Beverly Hills, Calif. Sage Publications.

MILGRAM S., (1965) : « Some conditions of obedience and disobedience. » In : *Human relations*, 18, 57-76.

MILGRAM S., (1974) : *Soumission à l'autorité*. Paris, Calmann-Lévy.

MILGRAM S., JODELET D., (1976) : « Psychological maps of Paris. » In : Proshansky H.M., Ittelson W.H., Rivlin L.G., *Environmental psychology : people and their physical settings*. New York, Holt, Rinehart & Winston.

MILLER D.T., ROSS M., (1975) : « Self-serving biases in the attribution of causality : fact or fiction ? » In : *Psychological Bulletin*, 82, 213-225.

MOLES A., (1971) : *La communication*. Paris, C.E.P.L.

MOLES A., (1986) : *Théorie structurale de la communication et société*. Paris, Masson.

MONTMOLLIN G. de, (1966) : « Processus d'influence sociale et modalités d'interaction. » In : *Psychologie française*, 11, 169-178.

MONTMOLLIN G. de, (1977) : *L'influence sociale*. Paris, P.U.F.

MORELAND R.L., LEVINE J.M., (1982) : « Socialization in small groups : temporal changes in individual-group relations. » In : Berkowitz L., *Advances in experimental social psychology* vol. 15. New York, Academic Press.

MORENO J.L., (1954) : *Fondements de la sociométrie*. Paris, P.U.F.

MORIN E., (1969) : *La rumeur d'Orléans*. Paris, Le Seuil.

MORRIS D., (1978) : *La psychanalyse, son image et son public* 2e éd.. Paris, P.U.F., (1976).

MOSCOVICI S., (1963) : « Attitudes et opinions. » In : *Annual Review of Psychology*, B14, 231-260.

MOSCOVICI S., (1967) : « Communications processes and the properties of language. » In : Berkovitz L., *Advances in experimental social psychology* vol. 3. New York, Academic Press, 225-270.

MOSCOVICI S., (1969) : Préface à C. Herzlich, *Santé et Maladie. Analyse d'une représentation sociale*. Paris, Mouton.

MOSCOVICI S., (1972) : « Society and theory in social psychology. » In : Israel J., Tajfel H., *The context of social psychology. A critical assessment*. New York, Academic Press.

MOSCOVICI S., (1976) : *Social influence and social change*. New York, Academic Press.

MOSCOVICI S., (1979) : *Psychologie des minorités actives*. Paris, P.U.F.

MOSCOVICI S., (1984) : *Psychologie sociale*. Paris, P.U.F.

MOSCOVICI S., LAGE E., NAFFRECHOUX M., (1969) : « Influence of a consistent minority on the responses of a majority in a color perception task. » In : *Sociometry*. 32, 365-379.

MUCCHIELLI A., (1980) : *Les réactions de défenses dans les relations interindividuelles*. éd. E.S.F. et Libr.tech., (1982).

MUCCHIELLI A., (1986) : *L'identité*. Paris, P.U.F., coll. « Que sais-je ? »

NEMETH C., WACHTLER J., (1973) : « Consistency and modification of judgment. » In : *Journal of Experimental Social Psychology*, 9, 65-79.

NEWCOMB T.M., (1943) : *Personality and social change*. New York, Dryden.

NEWSTON D., CZERLINSKY T., (1974) : « Adjustment of attitude communications for contrasts by extreme audiences. » In : *Journal of Personality and Social Psychology*, 30, 829-837.

NORD W.R., (1969) : « Social exchange theory : an interpretive approach to social conformity. » In : *Psychological Bulletin*, 71, 174-208.

OSGOOD C.E., TANNENBAUM P.H., (1955) : « The principle of congruity in the prediction of attitude change. » In : *Psychological Review*, 62, 42-55.

PAICHELER G., (1976) : « Norms and attitude change I : polarization and styles of behavior. » In : *European Journal of Social Psychology*, 6, 4, 405-427.

PAICHELER G., (1977) : « Norms and attitude change II : the phenomenon of bipolarization. » In : *European Journal of Social Psychology*, 7, 2, 5-14.

PAICHELER G., (1985) : *Psychologie des influences sociales*. Neuchâtel, Delachaux et Niestlé.

PEPITONE A., (1949) : « Motivation effects in social perception. » In : *Human relations*, 3, 57-76.

PERSONNAZ B., (1976) : Conformité , consensus et référents clandestins. In *Bulletin de Psychologie*, 321, 230-242.

PERSONNAZ B., (1981) : « Study in social influence using the spectrometer method : dynamics of the phenomena of conversion and covertness in perceptual responses. » In : *European Journal of Social Psychology*, 11, 431-438.

PHARES E.J., (1976) : *Locus of control : a personality determinant of behavior*. Morristown, N.J. General Learnins Press.

PIAGET J., (1926) : *La représentation du monde chez l'enfant*. Paris, P.U.F.

PIAGET J., (1957) : *Le jugement moral chez l'enfant*. Paris, P.U.F.

POITOU J.P., (1974) : *La dissonance cognitive*. Paris, Armand Colin.

PRUITT D.G., LEWIS S.A., (1975) : « Development of integrative solution in bilateral negotiations. » In : *Journal of Personality and Social Psychology*, 31, 621-633.

« Psychosociologies », (1980). In : *Connexions*, n° 29. Paris, Epi.

RANDS M., LEVINGER G., (1979) : « Implicit theories of relationship : an intergenerational study. » In : *Journal of Personality and Social Psychology*, 37, 645-661.

ROSENBERG M.J., ABELSON R.P., (1960) : « An analysis of cognitive balancing. » In : Rosenberg M.J., Hovland C.I., McGuire W.J., Abelson R.P., Brehm J.W., *Attitude organization and change*. New Haven, Conn. Yale University Press.

ROSENKRANTZ P.S., VOGEL S.R., BEE H., BROVERMAN I.K., BROVERMAN D.M., (1968) : « Sex-role stereotypes and sex-concepts in college students. » In : *Journal of Consulting and Clinical Psychology*, 32, 287-295.

ROSENTHAL R., JACOBSON L., (1968) : *Pygmalion in the classroom : teacher expectation and pupils'intellectual development*. New York, Holt, Rinehart and Winston.

ROSS E.A., (1908) : *Social psychology*. New York, Macmillan.

ROTTER J.B., (1966) : « Generalized expectancies for internal versus external control of reinforcement. » In : *Psychological Monographes*. General and Applied, 80, 1.

ROUQUETTE M.L., (1984) : « Les communications de masse. » In : Moscovici S., *Psychologie sociale*. Paris, P.U.F., 495-512.

ROUSSET D., (1974) : *Les jours de notre mort* 3 tomes. Paris, Union générale d'éditions.

RUBIN J.Z., BROWN B.R., (1975) : *The social psychology of bargaining and negotiation*. New York, Academic Press.

RUESCH J., BATESON G., (1951) : *Communication. The social matrix of psychiatry*. New York, Norton and Co.

SCHACHTER S., (1951) : « Déviation, rejet et communication. » In : Lévy A., *Psychologie sociale, textes fondamentaux anglais et américains*. Paris, Dunod, (1965).

SCHACHTER S., (1959) : *The psychology of affiliation*. Stanford, Cal., Stanford University Press.

SCHAFFER H.R., EMERSON P.E., (1964) : « The development of social attachments in infancy. » In : *Monographs, of the Society for Research in Child Development*, 29 Whole n° 3.

SCHAVER K.G., (1975) : *An introduction to attribution processes*. Cambridge, Mass, Winthrop.

SCHNEIDER D.J., (1973) : Implicit personality theory : a review. In : *Psychological Bulletin*, 73, 294-309.

SHEEHY G., (1976) : *Passages : predictable crises of adult life*. New York, Dutton.

SHERIF M., (1935) : « A study of some social factors in perception. » In : *Archives of psychology*, 27, 187.

SHERIF M., HOVLAND C.I., (1961) : *Social judgment : assmilation and contrast effects in communication and attitude change*. New Haven, Conn., Yale University Press.

SHERIF M., SHERIF C.W., (1953) : *Groups in harmony and tension*. New York, Harper and Row.

SHERIF M., SHERIF C.W., (1969) : *Social psychology*. New York, Harper and Row.

SHERIF M., SHERIF C.W., (1979) : Les relations intra et intergroupes : analyse expérimentale. In : Doise W. *Expériences entre groupes*, Paris, Mouton.

SHERIF M., WHITE B.J., HARVEY O.J., (1955) : « Status in experimentaly produced groups. » In : *American Journal of Sociology*, 60, 370-379.

SCHUTZ W.C., (1960) : *Fiso. A tree dimensional theory of interpersonal behavior*, New York, Holt.

SIDOWSKI J.B., WYCKOFF L.B., TABORY L., (1956) : « The influence of reinforcement and punishment in a minimal social situation. » In : *Journal of Abnormal and Social Psychology*, 52, 115-119.

SIGALL H., LANDY D., (1973) : « Radiating beauty : the effects of having a physically attractive partner ou person perception. » In : *Journal of Personality and Social Psychology*, 28, 218-224.

SILBERMANN A., (1981) : *Communication de masse*. Paris, Hachette Université.

SIMMEL G., (1917) : *Grundfragen der Soziologie*. Berlin, Göschen G.J.

SNYDER M.L., URANOWITZ S.W., (1978) : « Reconstructing the past : some cognitive consequences of person perception. » In : *Journal of Personality and Social Psychology*, 36, 941-950.

SOMMER R., (1969) : *Personal space*. Englewood Cliffs, N.J. : Prentice-Hall.

SPITZ R.A., (1949) : « Hospitalisme. » In : *Revue française de psychanalyse*, 13, 397-4(19.

STERN D.N., (1977) : *First relationship : infant and mother*. Cambridge Mass, Harvard University Press.

STOETZEL J., (1943) : *La théorie des opinions*. Paris, P.U.F.

STOETZEL J., (1963) : *La psychologie sociale*. Paris, Flammarion.

STYRON W., (1981) : *Le choix de Sophie*. Paris, Gallimard.

SULLIVAN H.S., (1953) : *The interpersonal theory of psychiatry*. New York, Norton.

TAJFEL H., (1978) : *Differenciation between social groups : studies in the social psychology of intergroup relations*. London, Academic Press.

TAP P., sous la dir. de, (1980) : *Identités collectives et changements sociaux*. Toulouse, Privat.

TAP P., (1985) : *Masculin et féminin chez l'enfant*. Toulouse, Privat Edisem.

TARDE G., (1903) : *Ecrits de psychologie sociale*. Toulouse, Privat, (1973).

TIZARD B., COOPERMAN O., JOSEPH A., TIZARD J., (1972) : « Environmental effect on language development : a study of young children in long-stay residential nurseries. » In : *Child development*, 43, 337-358.

TOURAINE A., (1974) : *Pour la sociologie*. Paris, Le Seuil, coll. « Points ».

TRIMBLE J.E., (1983) : « Self-perception and perceived alienation among American indians. » In : *Journal of Community Psychology*.

TROGNON A., (1986) : « Les linguistiques de la communication. » In : Ghiglione R. : *L'homme communiquant*. Paris, Armand Colin, 37-75.

TVERSKY A., KAHNEMAN D., (1980) : « Causal schemas in judgments under uncertainty. » In : Fishbein M., *Progress in social psychology* vol. 1, Hillsdale, N.J. Lawrence Erlbaum.

VALLACHER R., (1978) : Objective self a wareness and the perception of others. In : *Personality and Social Psychology Bulletin*, 4, 1, 63-67.

VERPLANCK W.S., (1955) : « The control of the content of conversation : reinforcement of statements of opinion. » In : *Journal of Abnormal and Social Psychology*, 51, 668-676.

WALSTER E., WALSTER G.W., TRAUPMANN J., (1979) : « Equity and premarital sex. » In : *Journal of Personality and Social Psychology*, 36, 82-92.

WATERMAN A.S., WATERMAN C.K., (1976) : « Factors related to vocational identity after extensive work experience. » In : J*ournal of Applied Psychology*, 61, 3, 336-340.

WATSON D.L., DEBORTALL-TREGER G., FRANK J., (1981) : *Social psychology*. Gleview, ill. Scott Foresman.

WATZLAWICK et coll., (1972) : *Une logique de la communication*. Paris, Le Seuil.

WEISS W., (1969) : « Effects of the mass media of communication. » In : Lindzey G., Aronson E., *Handbook of Social Psychology* vol. 5. Reading Mass : Addison-Wesley.

WHEELER L., DECI E., REIS H., ZUCKERMAN M., (1978) : *Interpersonal influence* 2e éd.. Boston, Allyn and Bacon.

WHITE R.W., (1963) : *Ego and reality in psychoanalytic theory* : Psychological issues. New York, International University Press.

WICKLUND R.A., (1975) : Objective self awareness. Berkowtiz L. *Advances in experimental social psychology*. Vol. 8, New York, Academic Press.

WICKLUND R.A., BREHM J.W. (1976) : *Perspectives on cognitive dissonance*. Hillsdale, N.J. Lawrence Erlbaum.

WIENER N., (1947) : *Cybernetics or Control and Communications in the Animal and the Machine*. Cambridge, Mass.

WIENER M., DEVOE S., RUBINOW S. & GELLER J. (1972) : Nonverbal behavior and nonverbal communication. *Psychological Review*, 79, 185-214.

WILLIAMS J.E., BENNETT S.M., (1975) : The definition of sex stereotypes via the objective check list. *Sex Roles*. 1, 327-337.

WILSON E.O., (1975) : *Sociobiology : The new synthesis*. Cambridge Mass : Belknap Press of Harvard University Press.

WINCH R.F., (1958) : Mate-selection : *A study of complementarity needs*. New York, Harper & Ross.

WINKIN Y., (1981) : *La nouvelle communication*. Paris, Le Seuil.

WORCHEL S., COOPER J., (1976) : *Understanding Social Psychology*. Homewood III. Dorsey Press.

WUNDT W., (1900-1920) : *Völkerpsychologie* (10 vol.). Leipzig, Englemann.

ZAJONC R.B., (1966) : *Social Psychology : An experimental approach*. Belmont Calif. Wadsworth.

ZAJONC R.B., MARKUS H.M., WILSON W.R., (1974) : Exposure effects and associative learning. *Journal of Experimental Social Psychology*. 10, 248-263.

ZIMBARDO P.G., (1969) : The human choice : individuation, reason and order versus deindividuation, impulse and chaos. In Arnold W.J., Levine D. *Nebraska symposium on Motivation*, vol. 16, Lincoln, University of Nebraska Press.

ZIMBARDO P.G., EBBESON E.B., (1969) : *Influencing attitudes and changing behavior*. Reading Mass, Addison-Wesley.

ZAVALLONI M., (1972) : L'identité psychosociale, un concept à la recherche d'une science. In *Introduction à la psychologie sociale*, t. 2, Larousse.

ZAVALLONI M., (1984) : *Identité sociale et conscience*. Toulouse, Privat, Montréal, P.U.M.

Index des concepts

Composition et mise en page réalisées sur Macintosh
avec le logiciel Page Maker par la société ORDI ÉDIT'EURE
Imprimerie Dumas – 42009 Saint-Étienne Cedex
Dépôt légal : février 1992 – Imprimeur : 30810
Dépôt légal de la 1re édition : 4e trim. 1988 *Imprimé en France*